1948
DAS OFFIZIELLE
PORSCHE
JUBILÄUMSBUCH
1998

AUGEN BLICKE

Die Fotos von Peter Vann

Mit Texten von Clauspeter Becker, Emanuel Eckardt, Michael Köckritz, Rolf Kunkel, Jürgen Lewandowski, Heinz Prüller, David Staretz, Rico Steinemann, Herbert Völker und Helmut Zwickl

Herausgeber: Praetor & Rindlisbacher Verlagsgesellschaft mbH
Mitherausgeber: Abteilung Öffentlichkeitsarbeit und Presse der Dr. Ing. h.c. F. Porsche AG

IN MEMORIAM

Professor Dr. Ing. h.c.

Ferdinand „Ferry“ Porsche

19. September 1909 – 27. März 1998

GESTANDENE MÄNNER KENNEN DAS: Frauen ohne Kriegsbemalung, natürliche Schönheit im Unterschied zur gestylten Optik. Autos präsentieren sich auf ganz ähnliche Weise, in glattem Lack und hartem Chrom oder durch die Faszination von Motorenlärm und Vibrationen. Peter Vann, der extravagante Pariser Fotograf, hat sich unübersehbar für die Reize des Äußeren entschieden. Mir imponiert das. Denn die Geschichte der Sportwagenmarke Porsche erscheint aus der Nah-Perspektive als entwicklungstechnisches Abenteuer, als Übergang vom handgefertigten Mittelmotor-Roadster der ersten Stunde zur perfektionierten Serienfertigung; als Mutation von jenen Anfängen im österreichischen Gmünd, dem dortigen Designbüro mit dem Charme eines früheren Sägewerks, zur weltweit renommierten Automobilfirma. Allzu leicht gerät dabei der Blick für das große Ganze in den Hintergrund. Peter Vann hat das nie aus seinem Optik-Visier verloren. Denn ihn zeichnet eine visuelle Begabung für die große Linie aus – und genau darum geht es in einer Bilanz der vergangenen 50 Jahre.

Es mag am auf intellektuelle Höchstleistung konzentrierten Porsche-Klima liegen, daß die Pirsch nach herausragenden Geistern zur Leidenschaft gerät – und mich zur Zusammenarbeit mit Peter Vann geführt hat. Er zeigte mir, daß sich Autos zum Leben erwecken lassen, ohne den Zündschlüssel umzudrehen. Wo sich meine Technik-Begeisterung am geschriebenen Wort erschöpft, sucht er besinnliche Ästhetik des mobilen Ambientes. Weil aber nach einem Lehrsatz der Physik die Gesamtheit der investierten Energie auch dann unverändert bleibt, wenn sich die einzelnen Anteile verschieben, muß der ruhigen Sinnlichkeit seiner Fotografie eine beträchtliche Dynamik bei ihrer Entstehung gegenüberstehen.

Das ist erlebbar: So etwa, wenn am Strand der Normandie der als Kamera-Hochsitz bestimmte Kran im weichen Sand versinkt, noch bevor die Fotos des Cisitalia-Porsches eingefangen sind. Oder vor Jahren – und das erzählte er mir – als er noch Yachten fotografierte, an einer Mastspitze festgebunden in der süditalienischen Sturmsee kenterte, fast ertrunken, die Kamera von Salzwasser zerfressen, aber den Film mit den Fotos aus abenteuerlicher Schräglage gerettet hat. Dann ist das Grund genug, seinem Blickwinkel zu folgen – für mich als einer, der sich respektvoll technischer Faszination zu nähern versucht, für ihn als reiner Augenmensch – um die Porsche-Vita nachzeichnen zu lassen.

Anton Hunger
Abteilung Öffentlichkeitsarbeit und Presse der Dr. Ing. h. c. F. Porsche AG

Konzeption, grafische Gestaltung und Gesamtrealisation: Uli Praetor
Konzeptionelle Beratung: Herbert Völker

ISBN 3 – 613 – 01893 – 4

Verlag der deutschen Ausgabe: Motorbuch Verlag, Stuttgart

Satz: Speedy Typer Desktop Publishing GmbH
Reproduktion: Laudert/Vreden, Unternehmen für innovative Medientechnik
Druck: Offsetdruckerei Karl Grammlich GmbH, Pliezhausen
Dieses Buch wurde gedruckt auf Maximago, specialmatt vollgestrichen holzfrei Bilderdruck – exclusiv bei der igepa
Bindearbeiten und Schuber: Buchbinderei Sigloch, Künzelsau

Porsche

von Eberhard von Kuenheim

WAS MUSS EINEN MENSCHEN BEWEGEN, der kurz nach der Zerstörung Deutschlands durch den Zweiten Weltkrieg einen Neuanfang wagen will – und dann auch noch mit dem Aufbau einer Produktion für Sportwagen? Zu einer Zeit, als das Land in Trümmern lag, als gerade Straßenbahn und Fahrrad wieder als Verkehrsmittel zur Verfügung standen. Welche Zuversicht, welches Vertrauen in die Zukunft mußte Ferry Porsche 1948, im Alter von 39 Jahren haben, um den ersten Sportwagen mit dem Namen „Porsche" auf die Räder zu stellen? Zu einer Zeit, als gerade eine neue Währung eingeführt wurde, als der Sinn der Deutschen nach vielem stand, sicher aber nicht nach einem Sportwagen. Welch geistiger Aufbruch, welch schöpferische Kraft mußten ihn damals bewegen? Welche Leidenschaft, welche Tollkühnheit, welche Besessenheit zur Mobilität, zur individuellen Mobilität, mußten ihn antreiben?

Nur ein Getriebener, ein Überzeugter, ein wahrer Unternehmer konnte eine solche Entscheidung überhaupt denken, nur ein visionärer Unternehmer hat sie in die Tat umsetzen können. „Fernhin sinnend" muß der wahre Unternehmer agieren, hat der Ökonom Schumpeter gefordert; „fernhin sinnend" mußte Ferry Porsche sein, als er daran ging, aus dem von seinem Vater 1931 gegründeten Konstruktionsbüro eine Automobilfirma wachsen zu lassen. Ferry Porsche stand damit in einer Reihe mit den deutschen Pionier-Unternehmern der Zeit nach dem Krieg, mit Josef Neckermann und Willy H. Schlieker, mit Max Grundig und Heinz Nixdorf – den Symbolfiguren des deutschen Wirtschaftswunders. Ihn unterschied von diesen Persönlichkeiten – die heute außerhalb Deutschlands keiner mehr kennt –, daß sein Lebenswerk Bestand hatte – und nun in neuem Glanz erstrahlt.

Schon diese Charakterisierung wäre Ferry Porsche wohl nicht recht: Ist er doch immer als „Sohn des Firmengründers" aufgetreten und nicht als Firmengründer selbst. Tatsächlich legte sein Vater, der legendäre Automobilkonstrukteur und „Erfinder" des Volkswagens Käfer, Ferdinand Porsche, den Grundstein auch für die Sportwagenfirma. Das Gebäude, das heute auf diesem Grundstein ruht, ist jedoch das Werk von „Ferry", wie der Sohn Ferdinand Anton Ernst seit seiner Kindheit genannt wurde. Ererbt von seinem Vater hatte er nur ein sehr kleines Ingenieurbüro – die große Sportwagen-Firma Porsche mit Weltruf entstand erst unter seiner Führung.

Unternehmer war Ferry Porsche nicht nur zum Zeitpunkt der Entscheidung für die Konstruktion eines eigenen Automobils, visionärer Unternehmer mit langfristiger Zielorientierung war er Zeit seines Lebens geblieben. Ihm ging es immer um dauerhafte Werte für das Unternehmen, die Diskussion um kurzfristigen „Shareholder Value" hätte ihn nicht einmal amüsiert: Denn kurzfristiger Aktionismus führt nicht zu nachhaltiger Stärke; der kurze Blick hätte ein solches Unternehmen nicht entstehen und bestehen lassen.

Darum führte Ferry Porsche das Unternehmen erfolgreich durch schwere Krisen der Automobilindustrie und durch schwere Krisen in der Unternehmensführung. Darum widerstand er allen Angeboten, das Unternehmen zu verkaufen, darum blieb Porsche selbständig. Mit sanfter aber bestimmender Hand leitete Ferry Porsche das Unternehmen zunächst selbst. Als widerstreitende Interessen in den Eigentümerfamilien für Porsche zum Problem wurden, setzte er schon in den frühen 70er Jahren eine familienfremde Unternehmensführung – in der heutigen Management-Literatur heißt das „Fremd-Management" – an der Spitze durch. Später, als immer neue Krisengerüchte in schwierigen Zeiten Porsche zu schaffen machten, sorgte er für Besonnenheit und Ruhe. Er hielt die Familie dazu an, zu ihrem Werk, zu ihrem Namen zu stehen und durchzuhalten.

Dabei mied Ferry Porsche immer den großen Auftritt, er suchte nicht die Öffentlichkeit, er wirkte im Hintergrund – dort aber um so wirkungsvoller. Unauffällig und unaufdringlich, aber mit großer Klarheit bestimmte er die wechselvollen Geschicke des Unternehmens, das seinen Namen trägt.

Für Porsche stand immer sein Unternehmen im Vordergrund, nie seine Person. Er führte zunächst als „sanfter Boß", wie ihn deutsche Medien 1961 nannten. Er dirigierte in seiner Verantwortung als Aufsichtsratsvorsitzender Porsche als Familienunternehmen aus dem Hintergrund – und brachte das Unternehmen aus dieser Position an die Börse, als dies notwendig schien. Und er hatte auch noch den Einfluß einer „letzten Instanz", auch wenn er sich vom Vorsitz des Aufsichtsrates schon 1990 zurückgezogen hatte, aber als Ehrenvorsitzender mit dem Unternehmen bis zu seinem Tod am 27. März 1998 verbunden blieb.

Öffentlich ist dieser Einfluß von Ferry Porsche nur selten sichtbar geworden. Große Worte sind von ihm kaum überliefert; die Größe seines Lebenswerkes läßt sich daran ermessen, daß sein Unternehmen bis heute unverändert unabhängig blieb.

Die Selbständigkeit heute scheint sogar besser abgesichert denn je: Denn heute pflegt das Unternehmen enge Beziehungen und Kooperationen mit allen drei großen deutschen Automobilunternehmen – sei es Mercedes, sei es Volkswagen, sei es BMW. Und heute ist Porsche hochgeschätzter Entwicklungspartner nahezu aller Automobilunternehmen in der Welt – eine Konstruktion von Bismarck'scher Genialität.

Diese Partnerschaften waren nur möglich dank der überragenden Kompetenz der Produktentwicklung des Unternehmens Porsche. Die Historie – die Entstehung aus einem Konstruktionsbüro – erklärt diesen Ruf nur zum Teil. Ferry Porsche hatte nach der Entwicklung des ersten „Porsche" schnell erkannt, daß die neue Automobilfirma zu klein bleiben würde, um eine eigene große, schlagkräftige Entwicklungsmannschaft zu beschäftigen und vor allem zu finanzieren; und er sah auch, daß die Automobilfirma nicht stark genug werden konnte ohne eben diese eigene, innovationsfähige Entwicklungsmannschaft. Ferry Porsche wußte, daß gerade Porsche auf herausragende Ingenieurleistungen angewiesen war und ist; daß gerade Porsche attraktiv für Ingenieure – Ingenieur-Unternehmer – sein und bleiben mußte. Die geniale Lösung des Problems war der Aufbau einer Entwicklungsgesellschaft, die für andere Unternehmen – nahezu in allen Ländern der Welt – Aufträge ausführen konnte. Die Strategie war erfolgreich, weil kaum ein Unternehmen der Branche in Porsche einen Konkurrenten zum eigenen Produkt sah – und viele sich gern mit dem Signum „entwickelt bei Porsche" schmücken wollten.

Für die Entwicklungsmannschaft – und auch für den Ruf der Marke Porsche – spielte ein weiterer Schritt eine entscheidende Rolle: die Teilnahme am Rennsport. Porsche fuhr Rennen in nahezu allen Disziplinen – und war in nahezu allen Disziplinen erfolgreich. Wichtiger als die Erfolge war für die Ingenieure die Aufgabe als solche: Ein Team zu bilden, das in kürzester Zeit unter nahezu unvorstellbarem Druck Entwicklungen vorantreiben mußte. In einem solchen Team fallen Entscheidungen schnell; ein solches Team „lernt", größten Belastungen zu widerstehen. Für eine Entwicklungsgesellschaft, wie Porsche sie – auch – ist, ist die Teilnahme am Rennsport eine der besten Management-Schulen.

Porsche wurde so gleichsam eine „Hochschule" für die gesamte Automobilindustrie. In fast jedem Unternehmen dieser Industrie finden sich heute in Führungspositionen Ingenieure, die im Laufe ihrer Karrieren bei Porsche Station gemacht haben. Ferry Porsche nahm das hin – vielleicht sogar mit gewisser Zufriedenheit. Denn die Reputation, die Porsche heute in der ganzen Welt der Automobilindustrie genießt, ist sicher auch dieser leisen Durchsetzung der Industrie mit Porsche-Ingenieuren zu verdanken.

Der – zu Lebzeiten immer als Junior bezeichnete – Senior selbst hat den guten Ruf seines Unternehmens und seiner Ingenieure entscheidend geprägt. Er hat – auch durch sein Vorbild – selbst in sehr guten Zeiten der Versuchung widerstanden, einen übertrieben stolzen Auftritt zuzulassen. Zurückhaltung in guten Zeiten schaffte den Kredit für Phasen der Belastung. „Porsche schätzte es nie, geschätzt zu werden, weil er Porsche heißt", schrieb **auto motor und sport** *zu seinem siebzigsten Geburtstag.*

Die deutsche Industrie verdankt Ferry Porsche also viel: Er schuf – und erhielt – eine faszinierende Automobilmarke von internationalem Rang. Porsche erreichte mit seiner Passion für den Sportwagen, daß derartige Automobile überall in der Welt Akzeptanz fanden. Und er schuf ein Unternehmen, das immer wieder Automobile von hohem Reiz hervorbrachte, die nie kurzfristigen Moden folgten. Er gestaltete eine Marke, die heute weltweit eines der Symbole für deutsche Ingenieurskunst geworden ist. Er stellte Generationen von Ingenieuren große Aufgaben; er bildete für die gesamte Automobilindustrie Ingenieure aus – und er zeigte, daß Bescheidenheit und Erfolg kein Widerspruch sein müssen.

INHALT

Kapitel 1

Visionen

Die 50 Jahre der Stuttgarter Sportwagenschmiede machen genau die Hälfte der Porsche-Story aus.
1898 hatte Ferdinand Porsche die erste konkrete Idee, was die Verbesserung eines Automobils betraf. Der Spenglerlehrling, den das frisch aufgegangene Wunder der Elektrizität aus seinem böhmischen Dorf in die Hauptstadt des Kaiserreichs gelockt hatte, hatte mit 23 seinen Beruf gefunden: Automobilkonstrukteur.
Im ausgehenden Jahrhundert war's ein Beruf ohne Anleitung, ohne Ordnung, ohne Kurse, ohne zugänglichen Erfahrungsschatz. Eine gute Zeit, um Visionen als selbstverständliche Perspektive des Konstrukteurs zu begreifen.

Lohner-Porsche
Mit dem ersten Jugendwerk schnurstracks in die Hall of Fame des Automobilbaus

Austro Daimler Sascha
Ein Vierteljahrhundert und eine Unzahl von Erfindungen später: Erster Hinweis auf einen Wagen fürs Volk. Vorerst brauchte man einen Grafen als Paten

Nachts, wenn keine Pferde scheuten

von Herbert Völker

Lohner-Porsche

14▪1
Stahldeckel über dem Kollektor als Piktogramm einer Jahrhundert-Technologie. Was vom Wiener Lohner-Haus bergauf führt, das heißt auch so: Berggasse. Auf Nummer 19, auf der rechten Seite hinter der Ampel, ordinierte Siegmund Freud, und Ferdinand Porsche schaltete in den niederen Gang

GESICHERT IST DAS DATUM des 26. Juni 1898. Ferdinand Porsche fiel bei der technischen Betreuung einer Probefahrt angenehm auf. Er war geschickt, schlau im Improvisieren, dabei noch keine 23 Jahre alt.

Gesichert sind auch die Straßen jener Probefahrt (und unzähliger folgender Fahrten), und fast alle Häuser stehen noch: Mächtig schöne Bürgerwohnhäuser in selbstverständlicher Geschlossenheit, als hätte es in Wien keine Bombenschäden gegeben.

Wir sind also in Wien. Der berühmteste Teil der Probestrecke ist die Berggasse, denn auf Nummer 19 ordinierte Siegmund Freud, und das heutige Freud-Museum wird bald von mehr Touristen besucht als die Staatsoper, was nur zum Teil mit den längeren Öffnungszeiten zusammenhängt.

DIE COUCH, die legendäre, stand in den hinteren Räumen der Wohnung, sodaß man auf Höhe von Berggasse 19 schon voll am Gas sein konnte, ohne den Fortgang der erblühenden Wissenschaft zu behindern. Nicht auszudenken, wie die Erkenntnis „Der Porsche mit seiner Kraxen geht mir auf die Nerven“ die Entwicklung der Psychoanalyse irritiert hätte.

Volles Rohr auf Höhe von Nr. 19 war schon deshalb angesagt, weil kurz darauf eine leichte Steigung anfing, die einen Block später geradezu emporschnellte, um die Währingerstraße zu gewinnen. Die Berggasse hieß also nicht umsonst Berggasse, und sie war von 1898 bis 1905 das Maß aller Steigfähigkeit für Ferdinand Porsches Gerätschaft.

An jenem Junitag des 98er-Jahres lief die Kiste zwar leise, weil mit Elektromotor, aber nicht ordentlich. Sie scheiterte gar schon am minimalen Anstieg der Börsegasse zur Ringstraße. Porsche hatte ein paar Vorschläge für rasche Umbauten (für die Konstruktion selbst war er ja nicht verantwortlich), die ließ man ihn ausführen. Dann war sofort die Berggasse fällig, und von da an immer wieder, natürlich nachts, wenn keine Pferde scheuten.

In der Talsohle, dort wo die Berggasse Schwung holt, steht an der Ecke der Porzellangasse das Haus der Firma Lohner, heute prachtvoll restauriert, und wir sind schon hart am Thema, vor hundert Jahren.

Wie darf man sich den 23jährigen Ferdinand Porsche des Jahres 1898 vorstellen? „Ein kleines Männchen, unscheinbar“, sagen Biografen, „introvertiert“, „furchtlos“, aber auch „mit träumerischen Augen“. Allwelche immer öfter der jungen Kontoristin Aloisia folgten, die in derselben Firma arbeitete, und der technisch versierte Leser ahnt: Hier wird bald eine Dynastie gegründet, mit unabsehbaren Folgen. Vorweg stand aber noch der Radnabenwagen an.

Daheim im böhmischen Maffersdorf hatte Porsche die Spenglerei im väterlichen Betrieb gelernt, und nur fanatisches Interesse an der Elektrizität konnte ihn aus spenglerischer Vorbestimmung und aus der Provinz lösen. Er kam zur Wiener Elektrofirma Béla Egger (Keimzelle von Brown Boveri) und lernte unverzüglich das Besenschwingen und Schmieren von Riemen.

Man mag sich vorstellen, wie die damalige Betriebshierarchie mit einem Azubi vom Land umgegangen sein mag, und wie ausgeprägt die Porschehaftigkeit des Jungen schon gewesen sein muß, um in vier Jahren zum Leiter des Prüfraums aufzusteigen. Als die Firma Egger für das Lohner-Projekt eines Elektroautos den Motor lieferte, kam es zur oben erwähnten Probefahrt und zur Auffälligkeit des jungen Mannes. Ein Jahr später wechselte er die Seiten, weil die Kraftlinie der Innovation eindeutig bei Lohner lief.

Dabei war Lohner ein altmodisch renommiertes Unternehmen zur Herstellung von Kutschen und Wagen, das grundsätzlich darauf setzte, daß „der Kaiser immer nur vierspännig" fahren würde. Daneben aber war viel Raum (und einiges Kapital) für Neues. Ludwig Lohner war einer der großen visionären Typen vom Talent eines Emil Jellinek-Mercedes, allerdings ohne dessen Leichtigkeit beim Rundumschlag, sondern auf dem festen Boden der gewachsenen Firma.

Lohner war überzeugt von der Zukunft des Automobils, auch wenn sich dessen Gegenwart einstweilen nicht im Kaiserreich Österreich-Ungarn, sondern in Deutschland und vor allem Frankreich abspielte. Er reiste, um den Überblick zu kriegen, um Kontakte herzustellen und einen Motorenpartner zu finden. Ihm jedenfalls waren die Nachteile des Elektromotors genauso einsichtig wie dem Großteil unsereiner hundert Jahre später. So versuchte Lohner mit Hartnäckigkeit, einen deutschen oder französischen Benzinmotor an Land zu ziehen, sprach als Alternative sogar Rudolf Diesel an, quasi „Sie sollten einmal einen Dieselmotor in ein AUTOMOBIL einbauen lassen", aber damit kam er um zwanzig Jahre zu früh.

Kurz gesagt: Als Ferdinand Porsche 1899 für die Firma Lohner zu arbeiten begann, geriet er nicht an einen beliebigen Hersteller von faden Kutschen, sondern an einen hellen Geist, der für einen kurzen Zeitraum sogar im Gleichtakt mit dem jungen Genie funktionierte. Und da sich nach gescheiterten Anläufen kein ordentlicher Benzinmotor auftreiben ließ, jedenfalls nicht kurzfristig für 1899, war halt wieder ein neuer Elektromotor gefragt. Ein Job für Ferdinand.

Zum Zeitpunkt des Übertritts existierten bereits Porsches Pläne für den Radnabenmotor. Er konnte ihn dann innerhalb von drei Monaten realisieren, nachdem man sich patentrechtlich abgesichert hatte. Die grundsätzliche Idee des Systems war schon zuvor in England geboren worden (ohne in der Praxis zu funktionieren), und die Herren Lohner und Porsche hatten Kenntnis davon. Porsche schaffte nicht nur die Realisierung, sondern hatte die weiterführende Idee, die Motoren auf die Vorderräder zu applizieren, die nun eindeutig auch wieder lenken sollten. (Der Probefahrtwagen von '98 hatte nämlich Hinterradlenkung gehabt, und sie funktionierte ungefähr so, wie wir uns das vorstellen mögen; ein drolliges Debakel).

Vorderradantrieb war zwar auch nicht wirklich neu, aber ein exotisches Ding allemal. Die Kombination der beiden raren Konzepte Radnabenmotor plus Vorderradantrieb war aufregend, innovativ (Verzicht auf Übersetzung, also Direktantrieb) und voller Detailprobleme, bei denen Ferdinand Porsche erstmals den Konstrukteur und Erfinder rausließ. Er war 24 Jahre alt.

Der lenkbare Radnabenmotor und der Wegfall jeder Art von Transmission waren nicht die einzigen Weltneuheiten. Das Lohner-Porsche-Elektromobil, wie es offiziell hieß, war auch das erste Auto der Welt mit Vierradbremse. Neben der normalen Bandbremse auf die Hinterräder ergab sich quasi automatisch die Elektrobremse an den Vorderrädern.

Per Handrad wurden über die Schaltwalze („Controller") drei bis sechs Vorwärtsgänge, ein Rückwärtsgang und drei Bremsstellungen aktiviert.

Porsches Innenpolmotor war direkt an der Achse montiert. Das Motorengehäuse bildete sozusagen die Radnabe und rotierte über Kugellager um den Magnetstern, der auf dem Achsstummel fixiert war. Jeder Motor leistete 2,5 PS bei 120/min. Ein 44zelliger Akkumulator mit bis zu 300 Ampèrestunden ergab bis 80 Volt Spannung. Damit ließ sich eine Spitze von 50 km/h fahren, vernünftiger war die „Normalgeschwindigkeit" von 35 km/h, denn damit konnte man immer-

16 ▪ 1
Lohner steht für eine Dynastie österreichischer Tradition ebenso wie Innovation. Für die Laufbahn des Ferdinand Porsche, der als Spengler nach Wien kam und Elektriker lernte, bedeutete es den geringstmöglichen Zeitverlust, schon mit 23 an einen Mann wie Ludwig Lohner zu geraten

16 ▪ 1

17 ▪ 1
Die Fabrik war zu jener Zeit bereits am Stadtrand; Porzellangasse 2 war die Direktion und Ausgangspunkt für den Test-Circuit

17 ▪ 1

18 ▪ 1

18 ▪ 1

Achsstummel, Schutzblech und die sechs Kohlebürsten, deren Verschleißteile (mehr oder minder betroffen je nach Anfahr- und Bremsgewohnheiten) relativ einfach zugänglich sind, vom schieren Gewicht des abzunehmenden Rades nun einmal abgesehen

18 ▪ 2

Der auf diesen Seiten fotografierte Wagen des Wiener Technischen Museums hat in der derzeitigen Restaurierungs- beziehungsweise Konservierungsphase Holzräder mit Laufschicht; überwiegend wurden seinerzeit Vollgummiräder verwendet

18 ▪ 2

19▪1

Rad mit fix montierten Wicklungen (Anker), Kollektor, Stahlschutzdeckel. Es galt, Kollektor und Kohlebürsten möglichst staub- und fettfrei zu halten, dies dürfte dank der massiven Abdeckung weitgehend gelungen sein. Gewicht des komplett montierten Vorderrades: rund hundert Kilo

19▪1

20■1

hin eine Strecke von 50 Kilometer schaffen. Die zur Aufladung benötigte Zeit mag man sich auswählen, die historischen Quellen reichen von einer halben Stunde bis zwei Stunden, und es gibt den Verdacht, daß auch die nicht reichten. Immerhin bot Lohner, der wirklich ein imponierender Vorausdenker war, sogar Ansätze von Service und Versorgung an, bevor noch das erste Dutzend Autos verkauft war (das dauerte zwei Jahre).

So toll der Wirkungsgrad der Motoren war, da man die Kraft genau dort erzeugte, wo sie benötigt wurde, so gab's natürlich das Problem des Gewichts. Der Akkumulator des ersten Exemplars wog 410 kg, jeder Motor 115 kg, ergibt 640 kg allein für den Antrieb. Die Kutsche selbst wog dann nur noch 340 kg, womit wir noch allemal unter tausend Kilo Gesamtgewicht und somit in einem durchaus „modernen" Bereich bleiben. Nicht ganz so modern war das Gewicht eines Vorderrades (von 100 kg aufwärts), Reifenwechsel war also wirklich mühsam.

Obwohl der Radnabenmotorwagen 1899 entstand, wird für ihn gern das Jahr 1900 angegeben, was mit dem markanten Auftritt des Wagens an der Pariser Weltausstellung zusammenhängt. Das Auto war ein absoluter Heuler auf der Show und kehrte mit allen erdenklichen Lorbeeren zurück. Ferdinand Porsche trat also bereits mit seiner allerersten Konstruktion als Jungstar ins Jahrhundert des Automobils.

Aus England wurde die Idee herangetragen, ob sich das Auto für den Sporteinsatz nicht auch mit vier Motoren ausstatten ließe. Warum nicht? Die Hinterräder waren allemal die leichtere Übung. Mit stärkeren Motoren brauchte man dann schon 1 800 Kilo an Batteriegewicht. Immerhin kam dadurch das Design in Bewegung, denn mit gleich großen Rädern verlor der Wagen seine Kutschenhaftigkeit, die grundsätzlich durch die hohen Hinterräder gegeben war.

Für Porsche war die Motorisierung des zweiten Räderpaares eine Fingerübung (gleich im Jahr 1900), und als endlich der permanente Allradantrieb für den Weltmarkt aktuell wurde, sagten die Historiker: Das hat der Ferdinand schon vor achtzig Jahren gemacht.

Die Wiener „Allgemeine Automobil Zeitung" war zu einer kleinen Testfahrt geladen. Im Bericht wird noch einmal die Technik rekapituliert, der fixe Magnetstern, der rotierende Anker, der letztlich „das Rad in drehende Bewegung versetzt. Wir haben es also mit einem Triebrade zu thun, welches die treibende Kraft nicht von außen her durch irgendwelche Übertragung empfängt, und das außerdem zugleich Lenkrad ist, also den Wagen gleich dem Pferd in die gelenkte Richtung hineinzieht. Das ist gewiß eine glänzende Idee, obendrein in äußerst gelungener Weise zur Durchführung gebracht. Alles, was sonst zwischen Motor und Wagenrad an kraftverzehrenden Getrieben gelagert wird, ist bei den Lohner-Porsche-Automobilen überflüssig geworden. Der Lenker schickt seinen Strom direct aus der Batterie in die Wagenräder und verstreut seine Watt nicht überflüssigerweise in alle Winde."

„Die Elektromotoren sind bekanntlich cholerischer Natur; sie sind Schnellläufer. Eine Demultiplication ist bei anderen Systemen das Mittel, diesem Übelstand abzuhelfen. Bei der Lohner-Porsche-Construction ist aber eine Demultiplication unmöglich, denn der Motor ist ja das Wagenrad, und dieses läuft ebenso schnell, als der Motor rotirt."

„Es galt also den Elektromotor in seiner Drehzahl so zu vermindern, daß er für den angestrebten Zweck verwendbar wurde, unter gleichzeitiger Erreichung möglichst hoher Zugkräfte, welche allein die Leistungsfähigkeit, respective Schnelligkeit des Wagens auf starken Steigungen verbürgen. Die Schwierigkeit war eine große, aber sie ist von den Herren Lohner und Porsche glänzend gelöst worden."

Die Fahreindrücke werden eindeutig vom Komfort-Empfinden überlagert (es gab mittlerweile schon Karosserie-Alternativen zur Urform der „Chaise" des Vorjahres): „In den vollkommen geräuschlosen, weich gefederten und behaglich gepolsterten Lohner-Porsche-Automobilen glaubt man eher

20 ▪ 1
Eine Ausführung als „Rennauto" mit Allradantrieb und 1 800 kg Batterien wurde im Herbst 1900 auf Wunsch eines englischen Kunden hergestellt. Das Auto soll Tempo 90 geschafft haben, zur Durchsetzung im Rennsport kam es dennoch nicht. Vor der Auslieferung in Wien posieren Kundendienstleiter Pöll am Volant, daneben Ferdinand Porsche, auf dem Rücksitz ein Prokurist der Firma Lohner

21 ▪ 1
Kutschenfabrik Lohner in der Umstellung zum Autowerk

21 ▪ 1

auf einem Schiff als auf einem Wagen zu sein. Es ist nämlich das Gefühl einer sanft gleitenden und nicht das einer rollenden Bewegung, das man im Fond empfindet."

Der Autor setzt gleich nochmal nach: Die „hocheleganten Vehikel" sind nämlich derart weich gefedert und behaglich gepolstert, „daß die Insassen stets den Neid der Passanten erregen." Auch die Raumordnung wird gelobt: Alles ist „ausgeglichen, und nirgends gibt ein plumper, eckiger Batteriekasten Nörglern Anlaß zur Kritik."

Obwohl der „Markt" in Österreich-Ungarn noch immer kaum existierte, fächerten Lohner und Porsche innerhalb von Monaten ihr Programm auf: Drei Karosserie-Varianten (dann auch Lkw und Omnibus), und zwei stärkere Motoren (bis zu sieben PS je Rad, bei Lastwagen auch bis zwölf PS).

Bei Umrechnung auf heutige Kaufkraft darf man sich ein mittleres Porsche-Lohner-Modell in der Gegend von 70 000 Mark Anschaffungskosten vorstellen. Im Unterhalt mag man bei fünftausend Kilometer Jahresleistung mit 9 000 Mark für den Chauffeur und 5 000 für Batterien und Ladung rechnen. Dazu kommen allerdings atemberaubende 25 000 für Reifen, falls man schon von Holz oder Vollgummi auf die neue Pneumatik-Technologie mit all ihren Pannen umgestiegen war.

Dennoch stimmte die Perspektive für das Automobil: Kutschen und Pferde waren auch nicht billig, Kutscher wurden kaum geringer entlohnt als Chauffeure, und Pferde fraßen eindeutig mehr als jeder Akkumulator. Und bei den Reifen durfte man in kurzer Zeit purzelnde Preise erwarten.

Was sich aber in der Perspektive noch rascher verschob, war der Vergleich von Elektro- zu Benzinwagen. Die Lieferkrise der Benzinmotoren war genau mit Beginn des neuen Jahrhunderts überwunden, und der Elektromotor kam wieder in die Rolle der vorübergehenden Notlösung. Wir dürfen uns daran entzücken, daß Pro und Kontra vor hundert Jahren genauso tönten wie heute.

Gegen den E-Motor sprachen der höhere Kaufpreis, geringe Reichweite, hohes Batteriegewicht und umständliche Aufladung, dafür konnte man mit dem Konzept des „Stadtwagens" phantasieren, ein Thema mit Frischhaltegarantie. Zwei Stunden Betriebsdauer, schrieb Ludwig Lohner noch im alten Jahrhundert, scheinen „allerdings für das erste erschreckend wenig, doch ist zu berücksichtigen, daß man bei Fahrten in der Stadt erfahrungsgemäß mehr steht als herumfährt." Wem sagt er das, der gute Lohner!

Als er noch notgedrungen auf Elektroantrieb fixiert war, hoffte der Unternehmer, daß sich das „Weltdorf" Wien tapfer gegen die Einführung von Benzinwägen wehren würde: „Vergönne man uns 'Weltdörflern' doch noch den letzten Rest von Sauerstoff und genießbarer Luft, den uns unsere herrlich communalen Einrichtungen überlassen und welcher von den Verbrennungsprodukten der etwa in großer Anzahl auftretenden Benzinmotoren erbarmungslos verdorben würde."

Lohners Begeisterung fürs Ökologische verdünnte sich in dem Moment, als es wieder Zugriff auf vernünftige Benzinmotoren gab, und Porsche hielt es sowieso mit dem Besten beider Welten.

Man merkt die Atemlosigkeit der technischen Entwicklung: Im selben Jahr der bejubelten Show in Paris, im selben Jahr auch des realisierten Allradantriebs, also 1900, baute Porsche noch ein Hybridauto. Es behielt die Radnabenmotoren und damit einen ganz wesentlichen Vorteil des „Paris-Wagens", nämlich den Direktantrieb (Getriebe waren damals noch ein Riesenproblem und ein Horror für Hersteller wie für Chauffeur).

Zwei De-Dion-Bouton-Benzinmotoren trieben zwei Dynamos an, die den Akku nachluden und/oder die Vorderradmotoren direkt versorgten. Das war die Grundlage für den Typ „Mixte", dessen Benziner-Seite über die Jahre immer leistungsfähiger wurde, auch dank des sodann freigegebenen Mercedes-Motors.

Wir reden noch immer über Porsche als sehr jungen Mann, gerade Mitte Zwanzig. Er hatte auch schon seine Liebe zum Sport entdeckt, und damit begann noch im Jahr 1900 der Legende zweiter Teil.

Kein Wunder, daß spätere Roman-Historiker sich zur Nachempfindung aufgerufen fühlten und zur Geschmacksverstärkung auch das Fräulein Aloisia, die Kontoristin aus der Firma Egger, einfliegen ließen:

„Er brauste daher. In rasendem Tempo nahm er die Kurven der Semmering-Bergbahnstrecke. Nummer 6, das Lohner-Elektromobil. Es hatte ganz offensichtlich das größte Tempo. Und wie es in den Kurven lag."

„'Porsche!' riefen die Zuschauer."

„Der Mann, der wie ein kleiner Faun hinter dem Steuerrad hockte, fuhr wie der Teufel. Fast schien es, als ob er gar kein Mensch wäre, sondern ein Stück von diesem Elektromobil, das trotz unheimlicher Geschwindigkeit keine Spur breit aus seiner Bahn kam."

„Etwas allein an einer geraden Straße stand ein Mädchen und winkte. Der Fahrer hob keine Sekunde den Blick von der Straße."

„Am Abend schrieen in Wien die Zeitungsjungen auf den Straßen: 'Extrablatt. Rekord Lohner beim Autorennen.'"

„Aloisia Johanna preßte ihre Hände auf die Brust, auf das Zeitungsblatt, das sie im Busen stecken hatte. Lesen wollte sie es erst zu Hause. Ihre Augen waren feucht."

Was uns heute noch die Augen feuchtmachen kann, ist die Erfüllungsgeschichte dieser diskussionslosen Bestimmtheit, mit der Ferdinand Porsche auch der erste Werksfahrer seiner Firma war. Wie er Motorsport als das natürliche Element seines Lebens und seiner Konstruktionen begriff; wie er ihn unbeirrbar fortführte in allen denkbaren Verkleidungen, und wie die Seinen diese Selbstverständlichkeit weitertrugen bis ans andere Ende des Jahrhunderts.

Trotz der (nicht wirklich belegten) Fähigkeit des reinen Elektrowagens Lohner-Porsche, in seiner viermotorigen Auslegung Tempo 90 zu schaffen, war der Mixte das bessere Sportinstrument. Porsche erkannte das rasch und erledigte auch persönlich den Sieg am Exelbergrennen 1902 (und weitere). Mit dem neuen Stoff Benzin hatte der Spengler, der Elektriker geworden war, sowieso keine Sekunde lang ein Problem.

Erzherzog Franz Ferdinand wünschte sich einen Lohner-Porsche-Mixte für die Kaisermanöver des Jahres 1902, und Ferdinand Porsche war sein Chauffeur. Alle Drei bestanden glänzend.

Lohner-Porsche-Radnabenwagen trieben in der Folge leichte „Chaises" und schwere Nutzfahrzeuge an, besonders beliebt waren die Feuerwehrwagen, die bis tief in die dreißiger Jahre existierten. Dennoch liefen das Unternehmertum des Ludwig Lohner und der freie Geist des jungen Konstrukteurs langsam auseinander, bis Ferdinand Porsche 1906 als Technischer Direktor zu Austro Daimler wechselte.

Davor war noch die Sache mit dem Fräulein aus dem Kontor der Firma Egger ins Reine zu bringen. Ferdinand Porsche heiratete Aloisia Johanna Kaes am 17. Oktober 1903. Die Hochzeitsreise führte nach Salzburg, zum Gardasee und, welch ein Zufall, nach Nizza, wo Herr Jellinek-Mercedes wegen des neuen „Mercedes-Electrique"-Projekts ein paar große Fragen hatte.

Bei der Rückkehr nach Wien bezog das junge Paar eine Wohnung in der Berggasse 6. Das ist exakt dort, wo die letzte Steilstufe der Berggasse ansetzt, punktgenauer kann ein Ingenieur nicht Quartier nehmen. Heute ist dort eine Pizzeria, und die Berggasse ist Einbahn bergab, sozusagen ein Bremstest.

Töchterchen Luise kam 1904 zur Welt, und der kleine Ferdinand war am 19. September 1909 parat, als der Vater vom Sieg beim Semmering-Bergrennen zurückkam. Die Geschichte war so richtig im Laufen.

Ferdinand, wir fahren nach Italien

von Herbert Völker

„GRAF KOLOWRAT, wie immer vortrefflich bei Laune, machte einige ausgezeichnete Scherze, die selbst Mr. James F.J. Archibald – trotzdem er die deutsche Sprache nicht beherrschte – zum Lachen brachten."

Diesem Rallyebericht von 1910 entnehmen wir, daß das Charisma des Grafen schon in sehr jungen Jahren (hier mit 25) entwickelt war. So sollte auch das Auto, das später seinen Namen trug („Sascha" = Alexander), ein fröhliches Gerät sein, leichtfüßig und charmant.

Ferdinand Porsche schuf den „Sascha" 22 Jahre nach dem „Radnabenwagen", dazwischen liegt also fast die halbe kreative Epoche des Konstrukteurs. Dem entsprach auch der Anteil von Ideen, Konstruktionen, Erfolgen seines Lebens, denn ab 1898 durchgehend bis zu seinem Tod gab es keine Durchhänge-Phase, nicht einmal eine schöpferische Pause.

Um diese Spanne von 22 Jahren mit ein paar Stichworten zu stützen: Fortführung der „Mixte"-Technologie, zuerst noch bei Lohner, dann bei Austro Daimler, was zu einem Kreuzen der Lebenswege von Porsche und Jellinek-Mercedes führte. Kleinwagen „Maja", benannt nach der jüngsten Schwester der Mercedes; dann auch speziellere Sportwagen, persönliche Entdeckung der Aerodynamik. Sieg als Fahrer-und-Konstrukteur bei der Prinz-Heinrich-Fahrt 1910, der ihn endgültig zum Star machte. Motoren für Schiffe und Luftschiff. Der Kriegsmaschinerie Österreich-Ungarns diente er mit den unglaublichsten Transport-Technologien für Schwersttransporte und Geschütze, das Kaiserreich dankte mit hohen Würden, die Technische Hochschule Wien erhob den Autodidakten zum Ehrendoktor. Nach Kriegsende führte er Austro Daimler, dessen Generaldirektor er nun schon war, mit einem Modellprogramm der oberen Mittelklasse weiter, und die Richtung stimmte.

Im Frühjahr 1921 war Ferdinand Porsche jedenfalls ein großer Chef, als Konstrukteur aber genauso spontan und direkt wie in den Tagen der Berggasse. Er war 45.

Sohn Ferry, 12, fuhr bereits mit einem Zweizylinder-Zweisitzer nicht nur auf dem Fabriksgelände in Wiener Neustadt, sondern auch auf öffentlichen Straßen, und die Gendarmen sagten ungefähr: „Hallo, Ferdl."

Einen weiteren Zuruf, nun an den Vater, interpretieren wir in freier Nachdichtung:

„Ferdinand, wir fahren nach Italien."

Der so sprach, hieß Alexander „Sascha" Graf Kolowrat. Er war, nach Ludwig Lohner und Emil Jellinek-Mercedes, die dritte Persönlichkeit vom Typ des außerordentlichen Unternehmer-plus-Autofreak, mit dem Porsche zu tun hatte.

Graf Kolowrat hatte alle Zutaten für einen Lieblingsgrafen der Österreicher, ob zu Zeiten der alten Monarchie oder jungen Republik. Gegeben waren ihm die uralte Herkunft, die imposante Statur und die süßen Mirakeln der adeligen Aufregungen. Davon kam auch seine gute Gesichtsfarbe, weil die Mutter Kubanerin war, Tochter eines amerikanischen Zigaretten-Moguls. Sie hatte deshalb den Vater Kolowrat kennenlernen können, weil jener, ein Minister der Monarchie, nach einem ehrenhaft gewonnenen Duell ins ferne Ausland geeilt war.

Austro Daimler

Sascha

25 ▪ 1

Bei allem Talent zur Reduktion signalisiert das kleine Fahrzeug durchaus Robustheit und Rennfähigkeit, kann ganz sicher nicht als putziges Promenadenauto mißverstanden werden

25 ■ 1

28 ▪ 1

28 ▪ 2

28 ▪ 3

28 ▪ 5

28 ▪ 4

28 ▪ 1-4

Eine durchaus übliche Raumordnung früher Sportwagen sah versetzte Sitze vor, um dem Fahrer Ellbogenfreiheit zu geben. Das 1100er-Motörchen leistete 45 PS bei flirrenden 5 000/min. „Die Lenkung ist stoßfrei und selbsthemmend, die Steuersäule ist stark geneigt. Der Schalthebel ist nach modernem Muster in der Wagenmitte angeordnet"

29 ▪ 1

Alexander Kolowrat hatte die österreichische Autoszene als jugendlicher Sportsmann betreten, von Anfang an ein bunter Hund. Begeistert berichteten die Fachblätter über die Drolligkeiten des jungen Grafen, etwa als er auf der Alpenfahrt sein „Patent siamesisches Schwesterpaar Blazek“ vorführte. Es war eine Regenplache für zwei Fahrgäste mit zwei Öffnungen für die Köpfe und einer gemeinsamen dritten Öffnung für etwaige Handbewegungen. Nicht indes für Lenkradarbeit, denn als Rallyefahrer saß man damals hinten, plus Gast. Vorn waren der Chauffeur und ein Kontrollor der Rennleitung, ohne Regenschutz.

Porsche und Kolowrat kannten einander jedenfalls schon seit jenen Pioniertagen vor dem Krieg, wo die „Kontrollore“ sich nichts mehr wünschten, als dem Grafen zugeteilt zu werden, der jede Paßhöhe mit Champagner feierte, ganz besonders aber für die mitgeführten Wurstwaren berühmt war.

Der Krieg dürfte den sagenhaften Reichtum der Kolowrats (böhmische Glasfabriken und Ländereien) nicht ernsthaft gekratzt haben, jedenfalls finden wir den jungen Herrn wieder als Pionier der österreichischen Filmindustrie („Sascha“-Film) und als Auto-Fan. Dieser sagte im Sommer 1921 also zum Generaldirektor von Austro-Daimler ungefähr, Ferdinand, wir fahren nach Italien.

Die Sache ist insofern doppelt verbürgt, als sich Ferry Porsche daran erinnert, vom Ferienquartier am Wörthersee abgeholt und nach Brescia mitgenommen worden zu sein.

Kolowrat und Porsche wollten einfach sehen, wie die Zeichen der Zeit standen im internationalen Motorsport, und was sie sahen, war zufällig eine Sensation:

Es siegten 1-2-3-4 die Autos eines Konstrukteurs, den man zwar international schon kannte, aber nicht in dieser himmelstürmenden Weise. Er war sechs Jahre jünger als Ferdinand Porsche und hieß Ettore Bugatti.

Der modifizierte Bugatti Typ 13, der diesen Vierfach-Sieg herausfuhr, kriegte sofort den Beinamen „Brescia“ und behielt ihn auch für die Geschichte des Rennsports.

Das Rennen war zwar nicht für Grand-Prix-Wagen, sondern für die leichteren „Voiturettes“ ausgeschrieben, aber selbst innerhalb dieser Kategorie deutete der Bugatti-Vierventiler einen Trend zur *Smartness* der Kleinen an. Klein, smart – und robust, muß man dazusagen, ganz im Unterschied zur bekannten Spezies der fragilen, putzigen Cyclecars.

Die atmosphärischen Umstände, unter denen Porsche und Kolowrat jene Tage in Italien erlebten, sind uns nicht bekannt, aber wenn man sich so etwas wie „wiedergewonnene Momente“ wünschen darf, dann könnte ein Tonfilm über jenes Wochenende recht beglückend sein.

Wir wissen nicht, wie selbst Erdachtes und frisch Erlebtes einander überlagerten und wie sich die Vision des Konstrukteurs und die leichte Hand des Grafen dabei auswirkten. Tatsache ist: Als sie zurückkamen, begann Porsche mit der Konstruktion eines frechen, flotten Kleinwagens, übrigens schon mit Beteiligung des „Treuesten der Treuen“, Karl Rabe.

Das erste Konzept lief in Richtung „Auto des kleinen Mannes“ als Viersitzer. Wahrscheinlich angeregt durch das Brescia-Erlebnis entstand die Marketing-Idee, den Neuen durch den Rennsport einzuführen, und so wurde „vorerst“ ein rennmäßiger Zweisitzer draus. Der 1 089-ccm-Motor (geschlossener Block in Alu) hatte zwei obenliegende Nockenwellen, durch Spiralzahnräder angetrieben, und soll 45 PS bei 5 000/min geleistet haben; Wagengewicht 600 kg.

Kolowrat, der im Verwaltungsrat von Austro Daimler saß, unterstützte die Finanzierung des Projekts wohl auch mit zusätzlichen privaten Mitteln, und somit hatte das Ding auch einen logischen Namen: Sascha.

Das Ausmaß der persönlichen Ambition des Grafen als Rennfahrer verschwimmt in der historischen Unschärfe. Sascha, der Mann, war als Mittdreißiger nun ein echter Film-Mogul und als solcher noch stattlicher geworden, was ihn mitnichten am Rennfahren hinderte. Ärgerlich fand er höchstens, wenn bei manchen Veranstaltungen für Fahrer plus Beifahrer ein Mindestgewicht von 120 kg gefordert war. Das

28 ▪ 5/29 ▪ 1

Der in Relation zur Karosserie enorme Radstand, die erstaunliche Steifigkeit des Rahmens und die robusten Blattfedern ergeben auch heute ein durchaus akzeptables Fahrgefühl. Von allen Elementen entwickeln aus jetziger Sicht die Pneus ein irritierendes Eigenleben

brachte er ja locker allein zuwege, durfte aber trotzdem den zweiten Sitz nicht leer lassen. So kam er auf die Idee, zumindest bei Bergrennen einen Liliputaner als Beifahrer zu engagieren, was damals als sehr witzig empfunden wurde.

Das große Rennen, das für die paukenschlagmäßige Einführung des Sascha ausgewählt wurde, war die Targa Florio des Jahres 1922, es war zugleich das internationale Renn-Comeback von Austro Daimler nach dem Krieg. Die Targa war auf der Höhe ihres Glanzes und und trotz ihrer sizilianischen Entlegenheit vielleicht sogar die Veranstaltung mit dem stärksten Presse-Echo in Europa, – zu einer Zeit, da man Renn-Prestige volley in Verkaufserfolg umzuwandeln meinte.

Generaldirektor Porsche stand als aktiver Fahrer nicht mehr zur Verfügung, wohl aber Graf Kolowrat, den Rest des Teams bildeten durchweg „Profis" aus der Einfahrabteilung des Werkes: Lambert Pöcher, Fritz Kuhn und jener Alfred Neubauer, der später die Silberpfeil-Legende verwaltete.

Neubauers detailfreudigen Memoiren entnehmen wir (unterschwellig), daß er den Grafen um dessen Bauch beneidete und sich irgendwie daran ein Vorbild nahm, mit glänzendem Erfolg, wie wir wissen.

Als besonderen Gag oder aus Fürwitz oder wegen verspäteter Nennung ließ man Neubauer trotz des unveränderten 1 100er-Motors in der offenen Klasse der Rennwagen starten, also im Umfeld der 4,5-Liter-Mercedes. Die anderen Sascha stellten sich ihrer Hubraumklasse. Die beste Quelle, die wir haben, sind Neubauers Lebenserinnerungen, und folgende Stelle von der Targa Florio ist unverzichtbar:

„Auf den Tribünen kippen die Zuschauer um wie die Fliegen. Man brüllt sich heiser. Man schwenkt Fähnchen... Eine Gruppe deutscher Schlachtenbummler singt die 'Wacht am Rhein'. Das 'Rote Kreuz' sammelt die Wein-Leichen zu Dutzenden ein. An den Boxen quirlt und wirbelt alles durcheinander. Noch ist die Zeit nicht gekommen, wo ein Alfred Neubauer mit Stentorstimme für Ordnung sorgen würde. Noch macht jeder, was er will."

Uff! Aber selbst in Neubauers Schreibe wird das Rennen nicht wirklich lebendig. Das mag daran liegen, daß Neubauer im Verlauf der vier Runden = 432 km = fast acht Stunden kein anderes Auto zu Gesicht kriegte, er war als letzter gestartet, eine Minute hinter einem Weißen Elefanten (Lautenschlagers Mercedes). Er konnte die Renn-Ungetüme natürlich nicht einholen, wurde aber seinerseits nicht überrundet, bekam auch nicht die geringsten Hinweise über seinen Stand im Rennen. Diese Abstraktion des Rennsports habe ihn zu ersten Gedanken über die Versorgung des Rennfahrers mit Boxensignalen geführt, schreibt er, der spätere Zampano der Signaltafeln.

Er schreibt auch, daß er während der ganzen acht Stunden keinen Bissen gegessen und keinen Tropfen getrunken habe, unvorstellbar bei „30 Grad im Schatten schon früh um neun", aber dem Neubauer hat schon zu Lebzeiten keiner widersprochen.

Er schreibt über die zerfetzten Gummis und deren Chromleder-Überzug, von dem ihm die abgewrackten Stahlnieten um die Ohren flogen, von Staub und Geröll und Schlaglöchern und Kratern und Trichtern „wie die Oberfläche des Mondes", und von ewiger „Kurvennudelei".

Graf Kolowrat schied in der ersten Runde aus, die drei anderen Sascha kamen auf imponierende Weise ins Ziel. Doppelsieg in der Klasse für Kuhn und Pöcher, und nochmal 30 beziehungsweise 40 Minuten schneller war Alfred Neubauer, der wegen seines Antretens in der Rennwagenklasse als Neunzehnter des Gesamtklassements aufschien, aber „nur acht km/h" langsamer als der Sieger.

Nun war dies nach allen objektiven Kriterien ein verblüffendes Trendsignal der Kleinen gegen die Großen, und natürlich können wir uns hineinfühlen in den „moralischen Sieg", den die durch den Krieg gedemütigten Rest-Österreicher sehr emotional empfanden, immerhin war es ihre Rückkehr

31 ▪ 1
„Kurvenlage" betraf seinerzeit mehr den Fahrer als das Fahrzeug, vom Beifahrer wurde indes stoische Unverrückbarkeit erwartet. Alfred Neubauer in der Targa Florio 1922, mit der letzten Startnummer des Feldes

32 ▪ 1
Rückkehr der Targa Florio-Helden auf dem Gelände von Austro Daimler in Wiener Neustadt, vorne der Neubauer-Wagen. Der vorderste Junge unter den Zuschauern ist Ferry Porsche, zwölfeinhalb Jahre alt

31 ■ 1

32▪1

zum internationalen Rennsport. Aus heutiger Sicht würden wir die Interpretation des Ergebnisses eher „vorauseilende Euphorie der Geschichtsschreibung" nennen.

Mittels Telegrammen und sofort geschalteten Anzeigen in den Tageszeitungen entstand in Österreich der Eindruck eines noch viel gewaltigeren Sieges, und Mercedes mußte dagegenschalten („der wahre Sieger" ... „und ohne Rechenschieber"), denn immerhin hatte Graf Masetti auf seinem „blutroten" Mercedes (im Gegensatz zu den deutsch bemannten Weißen Riesen) so ganz wirklich gewonnen.

Vieles spricht dafür, daß auch Ferdinand Porsche „völlig aus dem Häusl war", wie die Österreicher sagen. Er scheint den Erfolg wirklich ausgekostet und gefeiert zu haben. Auch aus heutiger Sicht bleibt die Fahrt des Sascha bei der Targa Florio 1922 eine Trend-Markierung für die Evolution des Rennsports.

In der Euphorie der Stunde war Rennsport angesagt. Rasch wurde ein nun auch offiziell „Rennwagen" genannter Sascha mit aufgebohrtem Motor geschaffen (1 500 ccm), parallel dazu baute Porsche aber auch zwei Renner der klassischen Größe und Bauart. In jenem hektischen Jahr 1922 gab es eine imponierende Kette von Austro-Daimler-Siegen, bis alles ganz plötzlich kippte.

Der Todessturz des Fritz Kuhn auf einem Zweiliter-Rennwagen beim Grand Prix in Monza (offensichtlich durch Radbruch ausgelöst) im Herbst 1922 traf Ferdinand Porsche tief. Der traurige Anlaß verschärfte die schwelende Krise zwischen Porsche und seinem Aufsichtsrat, der mehr Shareholder Value und weniger Sportbegeisterung forderte.

Dann war Austro Daimler schon total in den Händen von Europas berüchtigtstem Finanzjongleur jener Jahre, Camillo Castiglioni. Der forderte die Kooperation des Generaldirektors bei Devisenverschiebungen aus Export-Erlösen. Porsche weigerte sich und wurde gekündigt. Schon Monate zuvor hatte ihn die Daimler Motoren Gesellschaft nach Stuttgart zu locken versucht, nun konnte er dem Ruf folgen und trat im Frühjahr 1923 den neuen Job an.

Sascha, das Auto, erlebte somit natürlich keine Karriere als Tourenwagen des kleinen Mannes. Trotzdem: Ferdinand Porsche, und sein Sohn bezeugte es wiederholt, hat den Sascha gern als Vorläufer des Volkswagens bezeichnet, und 1100 Kubik schienen ihm unveränderlich das richtige Maß für diese Art von Projekt zu sein.

Graf Kolowrat beglückte die Welt noch durch die Entdeckung einer Berliner Theaterschauspielerin für den Film, sie nannte sich Marlene Dietrich. Er erfrischte die Wiener überdies mit einer Hochzeit, wie sie die junge Republik sonst nicht mehr erlebte: Eine russische Fürstin, „eine wirkliche Schönheit" war die Glückliche, und Europas Hochadel war im Stephansdom angetreten wie zu Kaisers Zeiten.

Das Glück war kurz. Eine unheilbare Krankheit ließ Sascha Kolowrat nur 42 Jahre alt werden.

Kapitel 2

Ferry

Ferry Porsche war 38, als er den Sprung zum eigenständigen Unternehmer wagte. Dies war (von der Kraft des Erbguts einmal ganz abgesehen) die logische Evolution dessen, was er 15 Jahre lang an der Seite des Vaters ersonnen und geschaffen hatte, aber doch mit der markanten Zäsur der nunmehrigen Eigenverantwortlichkeit.
So war Entwicklungsnummer 356 kein Fremdauftrag, sondern die aktive Entscheidung vom 17. Juli 1947, ein neu zu konstruierendes Produkt an den Beginn eines neuen Unternehmens, vorläufig ohne festen Wohnsitz, zu stellen. Es war ein Symbol für den Mut am Ende des Tunnels und die Hoffnung auf eine Freiheit, die noch keineswegs selbstverständlich war.
Sehr bald wurde es auch zum Symbol für überraschende Wonnen, mit denen sich die Zukunft erfahren und gewinnen ließe.

Der Mensch
Die Story eines großen Schöpfers und Motivators, der seine Vision vom Sportwagen an die Perfektion heranführen konnte wie kein anderer Mensch der Autogeschichte

Nummer 1
Juni 1948, die Ikone

DER ANFANG ALLER DINGE, KAPITEL NR. 356

von David Staretz

34▪1

356

PORSCHE NUMMER 1 hatte in Ferdinand Porsches Unternehmen die fortlaufende Konstruktionsnummer 356. So einfach ist das manchmal mit der Geschichte.

Blättern wir noch einige Nummern und Jahre zurück: 1945, Kriegsende. Während der britische Major Hirst in Wolfsburg den Kübelwagen vorfindet und ihn aus technisch-sportlichem Interesse gegen den Jeep antreten läßt (mit Erfolg natürlich, was dazu führt, daß Hirst aus den Trümmern des Werks eine Armee-Produktion von 917 Volkswagen-Limousinen organisiert) – währenddessen kämpfen die Ingenieure im Kärntner Gmünd ums Überleben.

Der Professor war noch immer in französischer Haft, also schlug man sich unter der Führung von Oberingenieur Rabe mit den seltsamsten Aufträgen herum. Gegen Lebensmittel reparierte man Pflüge, Dreschmaschinen, Stationärmotoren. Hochkarätige Techniker, wie zum Beispiel der Kärntner Ingenieur Mickl, die Jahre zuvor noch 188 Tonnen schwere Panzer, Zugmaschinen und hochkomplizierte Berechnungen über aerodynamische Probleme für das schnellste Auto der Welt anstellten (das leider nie in den Versuch ging), konstruierten jetzt Schubkarren aus zerschnittenen Karosserieblechen mit Rädern aus den Rollen der Maybach-Zugmaschinen.

Ein Jahr später – Ferdinands Sohn, Ferry, war aus der Gefangenschaft zurückgekehrt – kam dieser vielversprechende Auftrag aus Turin: Commendatore Piero Dusio, Generaldirektor der Cisitalia-Werke, sah die Zukunft des Autorennsports voraus und fand in der Porsche Mannschaft die geeigneten Leute für sein ehrgeiziges Projekt, das auch die Konstruktion eines Ackerschleppers und einer Wasserturbine umfaßte.

Die Ingenieure entwarfen in Rekordzeit die Pläne für einen Zwölfzylinder-Boxermotor mit 56 mm Bohrung und 1 493 ccm Hubraum – gut für 10 000 Umdrehungen und mindestens 300 PS. Dieses Aggregat sollte in einen Chrom-Molybdän-Rohrstahlrahmen gesetzt werden, das ganze Fahrzeug würde samt Allradantrieb nicht mehr als 718 kg Trockengewicht wiegen. Professor Eberan von Eberhorst, ehemaliger Professor an der Hochschule Dresden, langjähriger Freund des Hauses, stieß dazu, um sein ausgefeiltes Technologie-Know-how über den letzten Stand der Material- und Treibstoff-Entwicklungen einfließen zu lassen.

Langes Leiden kurzgefaßt: obwohl sich die ersten Modellversuche großartig anließen, häuften sich die Schwierigkeiten mit den Italienern, bestimmt durch Verständigungsprobleme und vor allem Geldmangel. Schließlich sah sich Dusio gezwungen, das Angebot des argentinischen Präsidenten Peron anzunehmen, den Sportwagen plus diverse Ackerschlepper und Lastkraftwagen in Südamerika bauen zu lassen. Dort schlief das Projekt endgültig ein, der Porsche-Dusio-Wagen lief 1953 drei Runden lang, über die ihn der Rennfahrer Felice Bonnetto bewegte, der Rest ist Verstauben, Verrosten, schließlich die Wiederheimholung ins Porsche-Museum Zuffenhausen.

Aber der Cisitalia hat letzten Endes seine Schuldigkeit getan: Zweifellos war er der Anstoß für das erste Auto gewesen, das Porsches Namen trug.

Der Professor war geschwächt aus der Internierung nach Gmünd heimgekommen, aber Oberingnieur Rabe und Sohn Ferry trieben das Projekt voran.

34▪1
Eintragung ins Geschichtsbuch. Mit der laufenden Konstruktions-Nummer 356001 begann die beispiellose Geschichte einer unvergleichlichen Marke

35▪1
Post an die Zukunft. Es ist verblüffend, mit welcher Konsequenz die Nummer 1 bereits alle wesentlichen Porsche-Merkmale vorwegnahm

35 ■ 1

PORSCHE
K45-286

38■1

39▪1

Als Basis eines kleinen, leichten Mittelmotor-Zweisitzers boten sich Volkswagen-Komponenten an – der Motor, die Kabelzug-Bremsen, die Schneckengetriebe-Lenkung, Scheinwerfer und Kleinteile. Damals war der Weg von Gmünd nach Wolfsburg wesentlich weiter als heute, die Beschaffung der Teile äußerst mühsam und oft nur trickreich zu bewältigen.
Die Qualität des Volkswagen-Konzeptes zeigte sich, in Sportwagen-Tugenden umgemünzt, aufs Neue: leichter Motor (frei von Flüssigkeit und Kühler) mit tiefem Schwerpunkt, mit hoher Standfestigkeit, in einer knappen, windschlüpfrigen Karosserie ohne Zierrat. Die Mittellage des Motors erlaubte eine tief herabgezogene Bugpartie, die zu aerodynamischen Qualitäten auch eine steile Sicht auf die Straße unmittelbar vor dem Auto ermöglichte. Er baute auf einem neu entwickelten Stahlrohr-Chassis, erst später kam man auf die Idee der formgepreßten VW-Bodengruppen zurück.

Den 1 131-ccm-Boxer brachte man durch zarte Modifikationen von 25 auf 35 PS, woran die von 5,8:1 auf 7,0:1 erhöhte Kompression großen Anteil hatte. Mit einem zweiten Fallstromvergaser kam man recht mühelos auf 40 PS, die damals dank der leichten, aerodynamischen Karosserie Höchstgeschwindigkeiten zwischen 135 und 140 km/h ermöglichten. Der Volkswagen-Motor war zur verbesserten Mittellage einfach umgedreht worden, so daß Kupplung und (das unsynchronisierte) Vierganggetriebe nach hinten schauten. Typisches Beispiel für die erfrischende Kompromißlosigkeit, mit der man Wettbewerbsfähigkeit im Motorsport ansteuerte.

Mit 585 kg war der Wagen sehr leicht gelungen, was sich natürlich auch in der Bremsmasse günstig auswirkte. Schon damals stand ein Porsche schneller als andere. Nicht so überzeugend waren die Fahrwerkseigenschaften. Man hatte sich auf die VW-Aufhängungen samt Torsionsfedern verlassen, aber irgendwie harmonierten sie nicht mit dem neuen Rahmen.

Es reichte aber bereits für den ersten Sportpokal: Im Juli 1948, einen Monat nach der Fertigstellung, gelang Herbert Kaes (Ferrys Cousin) ein Klassensieg in Innsbruck.

ARIZONA DREAM NOW: Es ist sechs Uhr morgens am Ufer des Colorado. Das Aggregat des mächtigen Spezialtrucks läuft sich seit zwanzig Minuten warm, bis endlich Bewegung in die Gruppe schemenhafter Gestalten kommt. Langsam, wie eine Ziehbrücke, senkt sich die Laderampe ab, gibt einen blassen Schimmer frei, der wie durch Meerestiefen aus dem Inneren des Laderaumes nebelt. Die Laderampe wird hydraulisch hochgepumpt, hohle Klänge, Metall auf Metall, Kettengerassel, dröhnen durch die Kälte. „Mehr Licht!" ruft jemand, worauf zwei Buicks mit aufgeblendeten Scheinwerfern in Position gehen. Langsam, mit dem Bug voran, wird der Wagen in drei Metern Höhe auf die Spezialgabel geschoben, das Licht der vier Autoscheinwerfer stanzt ihn unwirklich scharf aus der Morgenfinsternis. Silbrig glänzt das Grau.

Fremd, sehr fremd wirkt dieser Skarabäus aus Gmünd hier in der fernen Nacht, doch mit zunehmender Helligkeit, im schattenlosen Licht vor Sonnenaufgang, modelliert sich die Karosserie souverän zurecht, ihre weichen aber trockenen Rundungen halten Stand dem Kontrast der schroffen Canyon-Dome, die nun langsam von den Spitzen her erglühen.

Die Schlüssigkeit des Entwurfs ist verblüffend bis ins Detail. Die kompakten, gedrungenen Maße, die verhältnismäßig geringen Überhänge, der knappe Radstand trotz Mittelmotor – und, nach all den Jahren immer noch berührend: die frische, klare Linie des handgehämmerten Aluminiums, dessen Formen Erwin Kommenda entworfen und der Gmündner Karossier Friedrich Weber handgeklopft hat. Vier Tage dauerte es damals, bis ein Kotflügel über Stöckelholz fertiggehämmert war, freihändig mit Schablonen.

Blech war rar und teuer, der Entschluß für eine Roadster-Karosserie lag nahe. Bis auf eine Regen-Persenning war kein Wetterschutz vorhanden, allerdings zeigen die damaligen Konstruktionspläne Dachverankerungen. Weiter wurde kaum übers Notwendige hinausgedacht. Die Türen scheinen geradezu widerwillig in die Flanken geschnitten worden zu sein,

41▪1
Ob österreichische Alpenpässe oder Amerikas Weiten: Immer noch verkörpert die Nummer 1 das Ideal vom freudigen, umstandslosen Fahren

38▪1
Das Zündschloß war links, und der Drehzahlmesser war das eigentliche Hauptinstrument des sportlichen Porschefahrers

39▪1
Jenseits vom Basteln war die Nummer 1 ein verblüffend ausgereiftes Fahrzeug mit feinen Details und der gesamten Mittelmotor-Konsequenz

41 ▪ 1

der schmale Griff läßt sich nur mit Gegendruck aus seiner Windversenkung hebeln. Scheinwerfer, Blinkereinfassungen, Stoßstangen besitzen die zeitlose Schönheit des Funktionellen, dasselbe gilt für den Innenraum, der ursprünglich überhaupt nur einen Drehzahlmesser aufwies – der Tachometer kam erst später dazu.

Nach Einschalten der Zündung (das Ticken der Benzinpumpe wird hörbar) wurde über einen Knopf gestartet – ein schöner, heutzutage leider verlorengegangener Prozeß zur Bewußtmachung der motorbefeuernden Elemente Brennstoff und Funke.

Das Karosserieblech dringt schamlos ins Cockpit vor, die Grenze zwischen innen und außen wird nur mühsam durch zwei flach in den Winkel gestellte Glasscheiben symbolisiert, deren Windschutzfähigkeiten sehr begrenzt sind. Zwei Gummilippen schieben allfälligen Regen über die oberen Glasränder hinweg auf Fahrer und Passagier. Immerhin gönnte man der Nummer 1 bereits ein verschließbares Handschuhfach und Kartentaschen in den belederten Türinnenseiten. Den raffiniert einfachen Schnurzug-Griff ließ man übrigens im Jahrtausendwende-Audi-Roadster TTS wieder aufleben.

Der Motorzugang ist wie bei allen Mittelmotorfahrzeugen nur mittels Bauchlage möglich, allerdings waren die Randumbauten und Auslagerungen, die der gedrehte Motor verlangte, so üppig, daß kaum von Kofferraum zu reden war. Deshalb entschloß sich Porsche später wieder zum Heckmotorprinzip (und zu einer modifizierten Volkswagen-Bodenplattform unter einer Blechkarosserie.)

Trotzdem geht die einmalige Laufbahn, die Porsche mit dem 356 begann, auf dieses erste Modell zurück, das erstmals die Zeiger wieder in Richtung Erfolg und Zukunft drehen konnte. Und verblüffend: Je mehr man den Nummer 1 betrachtet und versteht, je mehr man das Heck auf sich einwirken läßt und die Gesamtkonfiguration, desto näher kommt man dem aktuellen Boxster-Konzept auf die Spur.

Übrigens: Das Zündschloß war damals schon links.

Der Purist und seine Wurzeln

Begegnungen mit Ferry Porsche

Von Rico Steinemann

42▪1
Trotz aller Erfolge und Reputation zeichneten Ferry Porsche immer Zurückhaltung und Bescheidenheit aus. Seine wichtigste Rolle für das Unternehmen war die des großen Motivators im Hintergrund

DER CHEF KOMMT!, raunten die Mitarbeiter frühmorgens, als ein eleganter 356 durch die Pforte fuhr. Mit dem Hinweis verbanden sich Respekt und Bewunderung. Das war im Sommer 1959, und ich hatte als 20jähriger den ersten Traumjob meines Lebens: Volontär bei Porsche, beschäftigt in der Reparaturabteilung.

So erlebte ich damals Ferry Porsche. Das Zeremoniell war täglich gleich. Ferry Porsche, jugendlich, elegant und fast zierlich wirkend, stieg aus dem Coupé, schritt über den Platz und begab sich über die Treppe zu seinem Büro. Seine Kleidung war stets sportlich korrekt und hatte einen gewissen englischen Touch. Den Gruß der Mitarbeiterinnen und Mitarbeiter erwiderte er freundlich, oft wechselte er ein paar Worte mit den Reparatur-Annehmern. Das war er also, der Mann mit dem berühmten Namen. Der Mann, der aus einem Konstruktionsbüro in schwieriger Nachkriegszeit eine richtige kleine Autofabrik gemacht hatte.
Als Volontär war ich Herrn Brett zugeteilt, einem der legendären Annehmer der Reparaturabteilung, die fast die ganze weltweite Kundschaft kannten. Brett kam ins Schwärmen, wenn die Rede vom Chef war. „Hast Du ein Anliegen oder ein Problem? Kannst Du einfach zum Chef gehen. Er nimmt sich Zeit, und er hat ein offenes Ohr."

Neun Jahre später, im September 1968, konnte ich mich zum ersten Mal davon überzeugen, daß Brett recht gehabt hatte. Ich saß beim Chef, inzwischen Dr. Ferry Porsche, im Büro. Es ging um meine Anstellung als Rennleiter und PR-Chef. Fräulein Werkmeister – damals sagte man noch „Fräulein" – brachte Kaffee, und was eigentlich als zehnminütige Formalität gedacht war, entwickelte sich zum langen, tiefsinnigen Gespräch. Als wir dann anfingen, über Unternehmensziele und -strategien zu philosophieren, kam eine Kernaussage, die mir unvergessen bleibt: „Das wichtigste ist der Fortbestand des Unternehmens. Alles andere hat sich diesem Ziel unterzuordnen, seien es nun Interessen der Kapitaleigner oder auch der Angestellten." Das gefiel mir. Ich stieß zur Truppe.

An meiner ersten Sitzung der Geschäftsleitung ging es unter anderem um die Bilanzierung. Der damalige Finanzchef wollte die Liegenschaften, also die Fabrikareale und Gebäude höher bewerten, schließlich seien die ja ein Vermögen wert. Dr. Porsche hielt nichts davon und erteilte dem Finanzchef eine klare Abfuhr: „Diese Liegenschaften sind für sich alleine gesehen gar nichts wert. Sie sind nur etwas wert, solange wir unsere Wagen produzieren und verkaufen können. Wer kauft schon leere Fabriken?"
Welch ein prophetisches Wort in einer Zeit der Liegenschaftenspekulation und des allgemeinen Glaubens an die Bodenwertsteigerung! Porsche, der noch durch die Krisen der Vorkriegszeit geprägt worden war, sollte recht behalten – spätestens in den neunziger Jahren wurden leere Fabriken obsolet und waren für ein Butterbrot zu haben.

Der Chef

Nun war also Dr. Ferry Porsche auch mein Chef. Brett hatte wirklich recht behalten, der Chef hatte und nahm sich Zeit. Es wurde fast zum Ritual. Helene

44 ■ 1

Werkmeister, diese gute und treue Seele des Vorzimmers, pflegte zu sagen: „Gehen Sie ruhig hinein, ich bringe Kaffee."
Dr. Porsche empfing mich gut gelaunt und freundlich, erkundigte sich nach meinem Befinden und dem meiner Frau und war dann bereit für Anliegen und fällige Entscheidungen. Der Schreibtisch war immer aufgeräumt, aber an dem saßen wir selten. Dr. Porsche bevorzugte die Clubsessel und den kleinen Rauchtisch. Bei allen Sachfragen stellte ich bald einmal fest, daß der Chef über einen riesigen Erfahrungsschatz aus seiner Zeit als Ingenieur und Versuchsleiter des Porsche-Konstruktionsbüros verfügte. Er kannte die Firma, die Mitarbeiterinnen und Mitarbeiter, die Zulieferer und die gesamte Automobilindustrie. Entscheidungen wog er gut und nach allen Seiten ab, dann traf er sie. Aus gewissen Kreisen hörte man damals den Einwand, der Chef sei nicht entscheidungsfreudig. Das kann ich nicht bestätigen. Sicher ist es aber richtig, daß er keine überstürzten Entscheidungen zu treffen pflegte.
Jede Aussage, jedes Urteil war geprägt durch die profunde Kenntnis der Branchen- und Zeitgeschichte. Der Chef sah das Hier und Heute nie isoliert, sondern vielmehr als aus einer Entwicklung heraus gegeben, die mit der Weltwirtschaftskrise Ende der 20er-Jahre einsetzte, über das Dritte Reich zur Katastrophe des Krieges führte und nach schwierigem Wiederbeginn in der damals lang anhaltenden Epoche der Prosperität mündete.
Dieses Geschichtsbewußtsein mag eine kleine und eigentlich völlig unwichtige Episode aus dem Vorzimmer verdeutlichen. Ich trat ein, legte meinen Mantel ab und hängte ihn an einem Bügel in den Kleiderschrank. Darauf Helene Werkmeister ganz entsetzt: „Aber doch nicht so, Herr Steinemann, Sie haben den Haken des Bügels an der Stange verkehrt aufgehängt!" Als ich sie völlig entgeistert ansah, ergänzte sie: „Natürlich, als Schweizer können Sie das ja nicht wissen. Wenn der Fliegeralarm kommt und Sie in den Keller flüchten müssen, kommt es auf jede Sekunde an. Mit Ihrem verkehrten Haken verheddern Sie sich und verlieren drei Sekunden!"

44 ■ 1

Ein Foto, das anläßlich des 85. Geburtstages von Ferry Porsche entstand: Der Professor am Volant der Nummer 1

45 ■ 1

Mit der Nummer 1 begann 1948 die Porsche-Legende: der 356 Roadster besaß einen echten Mittelmotor und 35 PS Leistung – die bei einem Leergewicht von nur 585 Kilogramm für 135 km/h ausreichten. Links daneben: das neue 911 Cabriolet, das aktuellste Modell einer langen Entwicklung

45 ■ 1

Der Unterschied zwischen Ferrari und Porsche

Zwei große Marken, zwei große Persönlichkeiten, zwei Welten. Die Unterschiede zu skizzieren, heißt, Ferry Porsche und die Welt von Zuffenhausen und Weissach besser zu charakterisieren. Ende der 60er Jahre hatten die beiden Marken im Automobilsport gegenüber der FIA ähnlich gelagerte Interessen. Das führte zu einem Dialog, den ich führen mußte, weil Enzo Ferrari nur italienisch sprach.

Ferrari, der einsame Wolf. Der Mann, der alle Entscheidungen im Alleingang trifft. Der den Monolog dem Dialog vorzieht. Der jedes Gespräch dominiert. Der Rennsport aus Liebe, Leidenschaft und Besessenheit betreibt. Der eigentlich nicht Industrieller ist, sondern vielmehr Chef eines Rennstalls. Der kommerzielle Autos nur baut, damit der Rennstall überleben kann. Der Kooperationen und Partnerschaften wann immer möglich aus dem Weg geht.

Porsche, der Konziliante. Der Mann, der Entscheidungen kooperativ trifft und auch delegiert. Der Dialogbereite, der auch zuhören kann. Der Rennsport betreibt, um für seine Autos zu werben. Mit Liebe zwar auch er, aber mit einer gewissen Abgeklärtheit. Der sich als Industrieller sieht, der Produktion, den Arbeitsplätzen und dem Vertrieb verpflichtet. Der bereit ist, Kooperationen und Partnerschaften einzugehen. Zwei große Männer, zwei Welten. In den Werkstätten von Maranello und Weissach treffen sich dann allerdings diese beiden Welten wieder. Denn die gleiche Liebe zum Handwerk, der gleiche Berufsstolz und die gleiche Verehrung zum Chef prägen jeden, der dort arbeitet.

„Und wenn wir denn Lokomotiven bauen würden?“

Ferry Porsche war stets ein Meister des überraschenden und oft auch entwaffnenden Bonmots. Kaum eine dieser Besprechungen beim Kaffee verlief ohne eine solche zündende Bemerkung, die ihm bei aller Sachlichkeit im Hinblick auf das gerade behandelte Thema herausrutschte. Einige sind mir auch heute, nach fast dreißig Jahren, in Erinnerung geblieben.

Der Chef war für seine Großzügigkeit gegenüber den Mitarbeitern bekannt, auch im sozialen Bereich leitete er das Unternehmen fortschrittlich. Dann und wann gingen ihm aber gewisse Begehrlichkeiten im Zusammenhang mit Überstundenregelungen doch etwas zu weit. Mitten in der Diskussion erinnerte er sich plötzlich: „Das hatten wir doch schon einmal. Da hatten wir in den 30er-Jahren am Großglockner Versuchsfahrten und saßen abends nach dem Nachtessen bei einem Bier bis nach Mitternacht zusammen. Und dann haben diese Schlaumeier das als Überzeit abgerechnet, mit der Begründung, man habe ja über Autos gesprochen!“

Auch das ständige Gerangel um Dienstwagen und Leihwagen für abends oder am Wochenende konnte den Chef auf die Palme bringen, wenn die Begehrlichkeiten ausuferten. Das Machtwort war klar und deutlich: „Und wenn wir denn Lokomotiven bauen würden? Möchtet Ihr dann auch eine am Wochenende mit nach Hause nehmen?“

46 ▪ 1

46 ▪ 1
Der 928 GTS als souveräner Reisesportwagen gehörte zum Fuhrpark von Professor Porsche

47 ▪ 1
„Ferdinand“ – der liebevolle Spitzname des 356-Prototypen, den Ferdinand Porsche zum 75. Geburtstag von seinem Sohn Ferry geschenkt bekam

47■1

Zu den Banken, die Ende der 20er-Jahre der Automobilindustrie im allgemeinen und Ferdinand Porsche im besonderen übel mitgespielt hatten, hatte Ferry Porsche kein allzu großes Vertrauen: „Das sind Institute, die vermieten Regenschirme. Und wenn der Regen anfängt, ziehen sie die Schirme wieder ein."

Auch mit seinen Entwicklungsingenieuren hat Ferry Porsche im Laufe der Jahrzehnte seine Erfahrungen gemacht. Das Budgetieren von Entwicklungskosten war nicht gerade ihre Stärke. Ich war völlig perplex, als der Chef mir einmal bei einem dieser Gespräche seine Philosophie der Entwicklungskosten erläuterte: „Lieber Herr Steinemann, wenn ein Ingenieur daherkommt und sagt, diese Entwicklung koste uns eine Million, dann rechne ich für mich eine Million mal zehn. Ich bin mit diesem System noch immer gut gefahren."

Nicht immer war Ferry Porsche so jovial. Einmal habe ich ihn verärgert, weil ich ihn aus der Fassung brachte: 1 000-Kilometer-Rennen vom Nürburgring, Sonntagnachmittag, fünffacher Sieg. Ich eile ins Sporthotel zur Telefonkabine und rufe den Chef in seinem Haus im Feuerbacher Weg an. In der nächsten Kabine beendet eben Franz-Josef Strauss ein Gespräch. Ich winke ihn herüber und sage: „Herr Dr. Porsche, hier will noch jemand gratulieren, ich übergebe." Die Reaktion am nächsten

48▪1

Tag: „Das können Sie doch so nicht machen. Wenn ich gewußt hätte, daß Franz-Josef Strauss am Telefon ist, wäre ich zuerst aufgestanden."

Der Abschied

Ferry Porsche und ich haben die Bühne des aktiven Alltagsgeschäfts bei Porsche fast gleichzeitig verlassen. Der Chef wurde nun Vorsitzender des Aufsichtsrates und leitete fortan die Geschicke des Unternehmens mit dem Instrument der Fernsteuerung.

Es folgte der weitere erfolgreiche Ausbau des Hauses, der Börsengang, der Triumph in zahllosen Rennen. Es folgte aber auch eine Vielzahl von nationalen und internationalen Ehrungen aller Art, darunter die Verleihung von höchsten akademischen Würden. Es folgten auch schwere Zeiten. Ferry Porsche beklagte den Tod seiner Gattin Dodo. Und in älteren Tagen mußte er die Rezession erleben, die er immer befürchtet hatte und die das Haus an den Rand des Abgrunds brachte.

Das 50-Jahre-Jubiläum sieht das Unternehmen in einer starken, vitalen und zukunftsgerichteten Verfassung. Für mich ist es der Anlaß zum herzlichen Glückwunsch, aber auch zur Erinnerung an eine ereignisreiche Zeit mit einem großartigen Chef.

Meinem BESTEN.

Lebensdaten

1909 Am 19. September Geburt von Ferdinand Porsche, genannt „Ferry", in Wiener Neustadt, Schulbesuch in Wiener Neustadt und in Stuttgart-Bad Cannstatt. Technische Ausbildung in Stuttgart bei Bosch.

1931 Beginn der Tätigkeit als Konstrukteur im Entwicklungsbüro seines Vaters, Dr. Ing. h.c. Ferdinand Porsche, Stuttgart.

1932 Erweiterung der Aufgaben und Verantwortung: auf Versuchsüberwachung und Koordination, Mitwirkung an Konstruktion und Entwicklung des Auto Union-Grand Prix-Rennwagens.

1934 Leiter der VW-Erprobungsfahrten.

1935 Heirat mit der Stuttgarterin Dorothea Reitz (gest. 1985). Aus der Ehe gingen vier Söhne hervor.

1938 Leitung der Versuchsabteilung. In diesem Jahr erfolgte der Umzug des Konstruktionsbüros in die neu errichteten Gebäude in Zuffenhausen.

1940 Stellvertretende Leitung des Gesamtbetriebes.

48▪1
Die Faszination des aufgeladenen 911ers hat sich auch auf Professor Porsche übertragen

K
45286

1945 Leitung der während des Krieges nach Gmünd in Kärnten verlagerten Firma. Beginn der Entwicklung des legendären Porsche 356 auf der Basis des Volkswagens; der erste Wagen, der den Namen Porsche trägt.

1949 Nach Fertigstellung der ersten 46 Exemplare des Typs 356 in Gmünd Rückkehr mit seiner Firma nach Stuttgart-Zuffenhausen, gemeinsam mit den wichtigsten Mitarbeitern. Wiederaufbau des Entwicklungsbüros für Fremdaufträge.

1950 Beginn der Serienfertigung des Porsche 356 in Stuttgart.

1959 Verleihung des großen Verdienstkreuzes der Bundesrepublik Deutschland durch Bundespräsident Professor Theodor Heuss.

1965 Verleihung des Titels Dr. techn. E.h. durch die Technische Hochschule Wien.

1972 Vorsitzender der in eine Aktiengesellschaft umgewandelten Dr. Ing. h.c. F. Porsche KG.

1975 Verleihung des „Großen Goldenen Ehrenzeichens" der Republik Österreich in Wien.

1978 Verleihung der Wilhelm-Exner-Medaille für Dr. Ferdinand Porsche

1979 Verleihung des Sterns zum Großen Verdienstkreuz der Bundesrepublik Deutschland anläßlich des 70. Geburtstages.

1981 Auszeichnung mit der Goldmedaille der Société de l'Automobile. Ernennung zum Ehrenbürger der Stadt Zell am See.

1984 Verleihung des Titels „Professor" durch Ministerpräsident Späth.

1985 Berufung zum „Senator E.h." durch die Universität Stuttgart.

1989 Vergabe der Wirtschaftsmedaille für herausragende Verdienste um die Wirtschaft Baden-Württembergs durch Wirtschaftsminister Herzog

1989 Verleihung der Bürgermedaille der Stadt Stuttgart am 12. Dezember anläßlich seines 80. Geburtstages in Würdigung seiner großen Verdienste um die wirtschaftliche Entwicklung der Landeshauptstadt.

1990 Ehrenvorsitzender des Aufsichtsrates (ab 1993 Ehrenvorsitz ohne Mandat)

1994 Verleihung der Ehrenbürgerwürde der Stadt Wiener Neustadt

KAPITEL 3

Erfolgleicht

Die Rennfachwerke 550/RS60 und Porsche 904, der Boxster als Schatulle des gesamtschlanken Porsche-Erbes – hier ist quer durch die Zeiten eine straff gespannte Linie erkennbar, gezeichnet von Kompromißlosigkeit, höchster technischer Kompetenz und einer unverbrüchlichen Leidenschaft für den Motorsport. Und immer wieder scheinen die reinen Porsche-Tugenden durch: Leichtbau. Verwindungssteifer Rahmen. Niedriger Schwerpunkt. Technische Avantgarde in Idee, Ausführung und Materialwahl. Was wie ein schlüssiges Rezept klingt, erwies sich in der Praxis jedoch immer als Anhäufung von Problemen, die man im Lauf der Fahrzeugentwicklung kleinteilig, hartnäckig abtrug, bis das reine, reife Auto zutage trat: ein Porsche!

550/RS 60
Das Hämmern der frühen Jahre

BOXSTER
Platz für zwei Golfbags, dazwischen ein Motor – niemand kann Porsche vorwerfen, am Markt vorbeizuproduzieren

904
Das heiße Eisen aus Kunststoff

PORSCHE PUR
DIE HAMMERSCHLAG-ROADSTER

von David Staretz

DER ROSTFARBENE MACADAM der Marble Canyon Road lag im fahlen Morgenlicht, das wie Flachs über die scharfen Kämme der Felsengrate gezogen war. Der Mond: Ein Messer, das die Nacht vergessen hatte.

Es war sechs Uhr und minus fünf Grad morgens in Arizona. Die ausweglose Kälte, der ungebärdige Königswellenmotor, der nur durch rhythmische Gasstöße bei Laune gehalten werden konnte, diese scharfgestochene Weite des Landes, auf dessen Meeresgrund ich mich befand, erhielten durch das Fieber, das in der Nacht gekommen war, eine dramatische Intensität: So könnte sich ein Tod in Hollywood anbahnen.

Jemand hatte mir einen aberwitzig weiten Cowboymantel geborgt, aber größeres Vertrauen setzte ich in die korsische Mütze aus schwarzem Filz, durch Regen gestärkt, im Gebrauch gewalkt. Zog sie lachhaft tief über die Ohren – mein Cabriodach.

Der fein vibrierende Öltemperaturzeiger gab das Freizeichen; ich spürte die hüstelnde, knochentrockene Mißmutigkeit des Wagens, der zu lange mit 30 km/h hinter dem Kamerawagen hergestochert war, mit einem Schütteln überwunden, als der Drehzahlmesser die Viertausender-Marke bestrich und weiter an Höhe gewann. Ich preßte die Ellbogen an, so gut es ging, umklammerte das Lenkrad in Zehn-vor-halb-acht-Position. Versuchte, noch tiefer in die Sitzschale zu rutschen – der kaltgenietete Windabweiser des Porsche hob den direkten Luftschwall über mich hinweg, er kam aber als kalte Nackenwelle zurück und durchspülte den Innenraum von hinten. So spürbar nah und laut der luftgekühlte

52 ▪ 1

52 ▪ 2

52 ▪ 3

52 ▪ 4

550/RS 60

52 ▪ 1-4/53 ▪ 1
Früh aufstehen in Arizona. Hier bekommt Porschefahren eine Dimension, die schlagartig klarmacht, warum diese Autos immer so erfolgreich waren in Amerika: Sie sind der exakt passende Kontrapunkt zur Landschaft

53■1

42

55 ▪ 1

55 ▪ 2

55 ▪ 1
Im frühen Licht: Der Typ 550 vertrat die reine Lehre: leicht, wendig, direkt. Ein unkomplizierter Alltags-Roadster für Wochenend-Siege

55 ▪ 2
Silver Bullet: Die Faszination reinen Metalls erfuhr im 550 Spyder eine thematische Bereicherung: sinnlich, aber luftgetrocknet

54 ▪ 1
Der große Fuhrmann: 160 PS aus 1 600 Kubikzentimetern – der RS 60 besaß ein geniales Triebwerk, überspannt zwischen Genialität und Wahnsinn, aber verblüffend langstreckentauglich

Mittelmotor auch in meinem Rücken lag – Wärme gab er keine her.

Mittelmotor hat Porsche-Tradition – schon die Nummer 1 hatte den Volkswagen-Boxer hinter der Sitzbank, vor der Hinterachse angeordnet. Merke: Wo Mittelmotoren eingebaut werden, haben Techniker das Sagen.

Sechs Jahre später, 1953, war man finanziell endlich soweit entlastet, um das erste großangelegte Sportwagenprojekt zu starten: die Produktion des Typs 550, (nicht mehr im Kärntner Gmünd, sondern in Zuffenhausen), vorgestellt auf dem Pariser Autosalon. Was man dort sah, war ein aus Aluminium gehämmerter, kleiner, leichter, offensichtlich aerodynamischer Sportzweisitzer ohne Dach.

Kompromißloses Auto, ausnahmslos dafür konzipiert, Rennen zu gewinnen – vorzugsweise Straßenrennen, aber auch Langstreckenklassiker wie Le Mans und Nürburgring, in denen es passende Klassenunterteilungen gab.

Historisch korrekter Einschub: Dem offiziellen 550 war bereits eine Serie von bemerkenswerten Eigenbauten des Frankfurter Autohändlers Walter Glöckler zuvorgekommen. Zusammen mit einem Porsche-Ingenieur hatte Glöckler den 1100er-Volkswagenmotor auf 58 PS gebracht, ihn verkehrt herum in einen Gitterrohrrahmen gesteckt und – es schien damals das Selbstverständnis der schönen Form zu herrschen – eine fesche Alukarosserie darüberhämmern lassen. Nach ersten Rennerfolgen verfügte Glöckler auch über den 90 PS-Motor und leistete auf seine Art richtungsweisende Vorarbeit für den Porsche 550, wie er dann von Ingenieur Wilhelm Hild konstruiert wurde. Der Schönheit halber ließ man die Karosserie bei derselben Firma wie Glöckler bauen: Weidenhausen in Frankfurt.

Man darf sich einen damaligen Porsche nicht so seriengültig vorstellen wie heutige Produktionsautos – es wurden zahlreiche verschiedene Versionen und Karosseriemodifikationen

56 ■ 1

56▪1
*Gold, Spyder, Arizona:
Der Erfolg Porsches in Amerika
war offensichtlich ein Naturgesetz*

57▪1
*James Deans letzter Blick.
Die zentrale Bedeutung des
Drehzahlmessers wird flankiert von
der Öltemperatur-Kontrolle (rechts)
und dem Tachometer.
Vorne im Bug: Der Tankverschluß*

abgeleitet, endlich erweitert um den sensationellen Fuhrmann-Motor, ein hochkompliziertes Rennaggregat mit vier Nockenwellen, das sich sofort erfolgreich durchsetzte.
Die allerersten Rennen des 550 (er hieß im ersten Jahr noch nicht Spyder) wurden allerdings noch mit dem getunten 1500-Super, dem direkten Volkswagen-Abkömmling, herausgefahren. Bei einer Verdichtung von 12,5 : 1 brachte das alkoholbefeuerte Triebwerk tapfere 100 PS, was dem Piloten Helm Glöckler (einem Cousin) trotz Vergaserproblemen zum ersten 550-Sieg reichte, dem später ungezählte Erfolge nachgereicht wurden. (Bei den 24 Stunden von Le Mans schafften die Teams Richard von Frankenberg/Paul Frère sowie Hans Herrmann/Helm Glöckler einen überlegenen Doppelsieg in ihrer Klasse.)

57▪1

Der Fuhrmann-Motor, auch als 547 oder Carrera-Motor bekannt, kam erst 1954 in die Hände von Privatfahrern, da das Triebwerk erst standfest gemacht werden mußte.

Man unterschied also zwischen den Stoßstangenmotoren (mit untenliegender Nockenwelle) auf VW-Basis, erkennbar an Typenbezeichnungen wie 356 A, B, C oder Super 90, sowie dem rennscharfen Doppelnocken-Motor, der sich hinter heldenhaft erworbenen Bezeichnungen wie Panamericana Spyder, 356 Carrera, Mille Miglia-Spyder oder dann auch James-Dean-Spyder fand.

Dean hatte eine rennsporttaugliche Kundenversion erstanden aus einem Kontingent weniger 550 RS (für Rennsport), das an den rührigen Westcoast-Importeur, John Neumann, geliefert worden war. Für seinen „Little Bastard" mußte Dean den Gegenwert von knapp 25 000 Mark bezahlen – allerdings wurde ihm sein eingetauschter Porsche Speedster angerechnet.

Die seit dem Nachmittag des 30. September 1955 auf der Straße nach Cholame unaufhaltsam gewordene Mythosmaschine verlieh dem Porsche eine *Bigger-Than-Life*-Dimension, die tragfähig genug war, um sich mit beliebig einsetzbaren Hysterie-Faktoren multiplizieren zu lassen. Irgendwie ein Segen – man stelle sich vor, J. D. wäre in einem Humber verunglückt.

Den wohl spektakulärsten Rennerfolg des 550 Spyder feierte Umberto Maglioli ein Jahr danach, als er die übermächtige Konkurrenz der Targa Florio in Alleinfahrt bezwang. Bei brütender Hitze, nach zehn Runden zu zweiundsiebzig Kilometern durch die Berge von Cerda, gewann der Piemontese mit fast 15 Minuten Vorsprung. Es war der bis dahin schönste und wichtigste Sporterfolg der Firma Porsche.

Der Fuhrmann-Motor war ein technischer Leckerbissen: sein Block war aus Leichtmetall gegossen, auch die vier Zylinder und deren Köpfe bestanden aus Aluminium. Der Motor lei-

58■1

59■1

stete schon von Beginn seiner Produktion an zwischen 110 und 117 PS aus 1 498 ccm, wobei die vier obenliegenden Nockenwellen nicht über Kette, sondern mittels zweier Königswellen angetrieben wurden. Befüllt wurden die Zylinder über zwei Solex 40PJJ-Doppelfallstromvergaser, für günstige Zündverhältnisse sorgten zwei Zündspulen, zwei Verteiler und zwei Zündkerzen pro Zylinder. Sensationell: der Motor drehte 7 800 Touren, um seine Höchstleistung zu erreichen. Dank eines Gewichts von 594 Kilogramm wurden dem Wagen Spitzengeschwindigkeiten bis 235 km/h zugeschrieben, was zeigt, daß gute Aerodynamik mit gutem Augenmaß zu erzielen war. Die Alukarosserie, über einen simplen Leiterrohrrahmen gehämmert, wurde mit Fahrwerksteilen aus der 356-Serienproduktion ergänzt, was die kurze Entwicklungszeit von vier Monaten erklärt.

Doch das wirklich und heutig Tolle am Leichtbau-Spyder ist seine Freiheit von historischem Gewicht – da sticht völlig gewärtig dieser laute, unvereinbare Silberglanz durch die Wüste Arizonas, während der Himmel sein ungerührtes Hitzeblau aufgezogen hat, und direkt unter dir geht der völlig leere, dunkelrostfarbene Highway 89 in direktem Schwung die Berge an wie ein gereizter Brahma-Bulle. In der Hitze des Mittags hört man das Abrollen der Räder, leichte Unwuchten arbeiten sich periodisch ein, jede Geschwindigkeit hat ihr eigenes Klangbild in der Filterlosigkeit der Empfindung.

Harte Kupplung. Gezähntes Schalten. Geringes Spiel in der Lenkung. Dieses Auto im Jetzt. Jedes Teil mechanisch nachvollziehbar: Schweißen, schrauben, drehen, falzen, pressen – die ganze Menagerie heißer und kalter Metallverarbeitung, vorberechnet in ingeniöser Kalkulation. Und doch steckt soviel Atem in dem kalten Metall, so tierisch viel Leben, erfüllt mit dieser ungestümen, hämmernden Lust an sprühender Kraftentfaltung. Leicht, flach, wendig, mit diesem auch heute noch idealen Sportfahrwerk, der knappen Schaltung, den lauernd scharfen Bremsen, den quicken Lenkreaktionen – hier, losgelöst von Zeit und Raum, trompetet der kleine Wagen seine Qualitäten so frech und lustvoll in den Canyon, so pur schön in seinem Element, völlig beheimatet in der Geschwindigkeit, die sich um die Karosserie schmiegt wie ein Ausdruck von Unvergänglichkeit, mit der man solche Momente auslitert.

Mit blankem Herz in blanker Technik, von blankem Metall bis an den Hals umgeben; komfortlose Ausstattung, einsilbige Gefühle – als Zeitmaschine macht der Spyder klar, welch unglaublich leichtfüßige Fahrmaschine er in den fünfziger Jahren gewesen sein muß, wie gut sich die 117 PS mit der Leichtmetallkarosserie verstanden, welch elegante Lösung der gewichtszentrierende Mittelmotor darstellte.

In seiner Anlage stellte der 550 eine ideale Basis dar: für weitere sportliche Entwicklungen, aber auch fürs Kundengeschäft, das sich kaufmännisch zu lohnen begann.

⁕

Hingegen war das, was sich heute als „Großvater des Boxster" darzustellen scheint, eine reinrassige Rennmaschine: Der RS 60 Spyder stand einen Rösselsprung ums Eck zu den wenig erfolgreichen Formel 1-Bemühungen, die Porsche Anfang der sechziger Jahre unternommen hatte.

Nach wie vor waren aber hervorragende Ergebnisse in aller Art von Langstreckenrennen zu verzeichnen, man war auch in der Formel 2 erfolgreich mit verschiedenen 550-Ableitungen, genannt RSK (das K stand für die Form einer neuen Vorderradgeometrie) oder dem weiterentwickelten 718/1500 Spyder.

Man beschloß, die Orientierung wieder stärker auf den Sportwagen bereich zu richten, zumal 1960 ein neues Sportwagen-Reglement herausgebracht wurde.

Schlüsselpunkte waren eine höhere Windschutzscheibe, eine aufklappbare Motorhaube und sowas wie ein Kofferraum. Dem zu entsprechen, verwandelte Porsche den RSK in

61▪1
Erratischer Guß
Wie aus zähflüssiger Hitze über die Räder geschmolzen, scheint die Karosserie im Fahrtwind erstarrt

59▪1
Extrem der Mitte
Wer Mittelmotoren konstruiert, hat ein Faible für Probleme. Eines davon war die Zugänglichkeit des Triebwerkes, ein anderes die Kühlung. Doch unschlagbar bleibt der Vorteil der idealen Gewichtsverteilung

58▪1
The Beautiful
Der Motor hämmerte grantig in die kühle Luft wie ein Schattenboxer, der durch den Anblick einer schönen Frau aus dem Rhythmus kommt

61 ▪ 1

einen 718 RS 60, später modifiziert zum 718/8 RS Spyder, der dann mit dem luftgekühlten Achtzylinder-Boxer versehen wurde, den man inzwischen für die Formel 1 konstruiert hatte. Als Zweiliter-Triebwerk leistete er 210 PS, gut für 260 km/h Spitze und große Erfolge bei Langstreckenrennen:
Targa Florio, Nürburgring, zahlreiche Siege in den USA, uneinnehmbare Dominanz bei der Berg-Europameisterschaft.

Unser RS 60 verfügte noch über den ausgereizten „Vierzylinderfuhrmann", jetzt als 1 600er mit 160 PS und gut für zahlreiche Langstreckenerfolge: Gesamtsieg in der 44. Targa Florio mit Herrmann/Bonnier vor Ferrari, als Anschluß an die Targa-Triumphe von 1956 und 1959. Beim ersten Antreten bei den zwölf Stunden von Sebring siegten Oliver Gendebien und Hans Herrmann vor Holbert/Scheckter, die den zweiten Werks-RS 60 steuerten.

Röcheln. Keuchen. Verkutzen an der eigenen Überspanntheit – der beruhigende Versuch, den Atem übers Gaspedal zu regeln, macht dir klar: Hier wird ein hyperventilierender Künstler von Anfällen zwischen Genialität und Wahnsinn gebeutelt, hier hat einer sämtliche Kerzenenden seines Daseins angezündet, zirka vier. Endlich scheint sich das feinnervige Triebwerk zu beruhigen, spürt, daß ich sein Fieber kenne, erahnt die Richtung, in die man es mit raunender Geduld führt: Vorwärts! Mit Röcheln, Rotzen und Fanfarenstößen räumt es seine letzten Schwindsuchtanfälle aus, gewinnt Volumen, kommt ins Hämmern, Dröhnen, Blasen, wird weich und schmiegsam wie die sinnlichen Wölbungen, die sich über den Rädern erheben. Das dünne Lenkrad nimmt Vibrationen auf, die von der Straße kommen, dem Fahrwerk bleibt nichts verschleiert, Kräfte dringen wie Vektorenpfeile durch die Anlenkpunkte, spüren dich auf in deinem knappen Lederschalensitz, den Jochen Mass gerade 2 000 Kilometer lang erlitten hat, um die Targa Tasmania zu gewinnen, eines der angesehensten Langstreckenrennen für historische Fahrzeuge, und ich wette, er hat jede Menge Spaß gehabt, denn dieser Wagen ist ein Vollblut im besten Alter.

Der Motor jubelt jetzt über die Sechstausender-Marke hinweg, und die tiefroten Felsen werfen den Klang zurück, daß man akustische Rückkoppelungen befürchten muß.

Zierlich, minimalberechnet, aber mit hämmernder Kraft strömt diese *Silver Bullet* durch die Berge, weithin hörbar wie die Vergeltung. Fast mittig im Cockpit, zu weit entfernt vom Ellbogenhalt, bist du ganz den Sitzen ausgeliefert, dem Lenken zugeeignet, ein Dämpfer im Blechvibrato, und der Drehzahlmesser scheint sich unter dem Schwung der Nadel in der Achse verdreht zu haben, daß die Achtermarke ganz oben steht – ein funktionales Detail unter vielen, wie zum Beispiel auch die Pedalanordnung, die Bremsen und Zwischengasgeben mit Ballen und Ferse erlaubt, und mit dem schmucklosen Stockhebel holst du den Motor in die Dritte herunter; das ist höchste Musik, und wenn die Hinterhand leicht wird, fegt der Wagen, souverän in seiner Heimat, dem Grenzbereich, über den Macadam, der jetzt eine Farbe giftigen Bleioxids angenommen hat, und da oben steht der weiße Truck mit der offenen Garagentür, die direkt zurück ins Museum führt, einmal noch Gasgeben, und eine Fehlzündung geht durch den Canyon wie ein dicker Mann.

Porsche-Mythos USA: Von der technischen Ratio bis zur Verklärung

von David Staretz

992

63 ▪ 1
Die Instrumentenanordnung des Boxsters orientiert sich direkt an der des 550 Spyder: Drehzahl in der Mitte, rechts die Temperaturanzeige und links der Tachometer

64/65
Selten war ein offenes Auto so sehr mit Annehmlichkeiten bedacht wie der Boxster. Selbst der Fahrtwind wirkt weich gewindelt. Besonders schätzt er den glatten Unterboden, wo allein sechs Prozent Cw-Reduzierung gewonnen werden

63 ▪ 1

DAS PORSCHE-WESEN liegt im Boxster befreit unter der Sonne und erklärt sich direkt und umstandslos übers Fahren: geschmeidig und vibrationsarm, unbehelligt von lästigen Zugwinden, immer alert, immer wendig um die Mitte, denn dort sitzt der Motor.

Es gibt keine andere Sportwagen-Konfiguration, die sich so günstig auf das Fahrverhalten auswirken kann wie ein mittig eingebautes Boxer-Aggregat mit angeflanschtem Getriebe, das den Schwerpunkt ins tiefe Zentrum zieht.

In seinem Sog sozusagen entstanden zwei ausgiebige Lademulden, eine vorn, eine hinten, und in der Mitte sitzen die Passagiere mit schlechtem Gewissen, falls sie gar nicht jene zwei Golfbags besitzen, für deren Unterbringung die Porsche-Konstrukteure keine technische Schwierigkeit scheuten.

Daß der Boxster ein Wunder des leeren Raumes geworden ist, mag Porsche-Liebhaber der dichten Materie im ersten Augenblick irritieren, trägt aber bei genauerer Betrachtung zum besseren Verständnis der technischen Aspekte bei. Schließlich ließen sich dank Mittelmotor auch existentiellere Vorteile umsetzen, wie eben das geringe Trägheitsmoment um die Hochachse, was bedeutet, daß unser Boxster so um die Kurve geht, wie sich indische Tempeltänzer bewegen: immer um die Mitte, immer völlig ausgewogen.

Auch für eine flachgestreckte, entspannte Fahrwerksauslegung war Platz, mit Aluminium-Längs- und -Querlenkern, sowie McPherson-Federbeinen (Porsche-optimiert, wie man klarstellend hinzufügt.) Kein Gieren, kein Nachbereinigen im Kurvenausgang – jegliche Kurventätigkeit ist bestimmt von einer Gutmütigkeit, mit der sich der Boxster den Grenzbereich aneignet, eher dem Untersteuern zugeneigt, selbstabbremsend, sofern kein bewußter Lastwechsel über die Hinterachse erfolgt, etwa in Form einer eingeschnalzten Kupplung oder, im Falle der Tiptronic-Schaltung, eines beherzten Gasstoßes. 204 PS können sich da zur bestimmenden Größe aufbauen, wenn pro PS nur 6,13 kg zu versorgen sind.

Daß der Porsche Boxster als hedonistischer Spaßgenerator hier so sehr übers Technische definiert wird, hat schon seine Ordnung, denn daß Technik jede Menge an Sinnlichkeit und Poesie (bis hin zur Verklärung) in sich bergen kann, lernt man gerade aus Porsche-Autos so besonders deutlich.

Berühmtestes Beispiel dafür ist der 550 Speedster von James Byron Dean, einem vierundzwanzigjährigen Schauspieler, der an der Kreuzung der *California Routes 46* und *41*, eine knappe Meile östlich des Provinznests Cholame, den berühmtesten Autounfall der Geschichte produzierte.

Aus einem fatalen aber im Grunde genommen banalen Zusammentreffen von Menschen und Maschinen entwickelte sich ein unaufhaltsamer Kult, der sich auf amerikanisch-hysterische Weise weit aus allen Rahmen der Vernunft lehnte, samt Verschwörungs-, Selbstmord- und Überlebenstheorie: James Dean wurde vom CIA ermordet, James Dean konnte Pier Angeli nicht haben, weil er außerdem homosexuell war, James Dean lebt, aber so schrecklich entstellt, daß ihn niemand mehr erkennt.

66 ▪ 1

66 ▪ 2

66 ▪ 3

66 ▪ 4

66 ▪ 1-4
Man kann ihn drehen und wenden – am besten kommt der Boxster von hinten. Hier findet man das alte, sparsame Vokabular maulfauler Ingenieure – wenn auch vielleicht um einen einzigen Golfbag zu viel gesagt wurde. Doch gerade entlang der alten Route 66 zeigt sich: Dieser Wagen liebt Amerika, und er liebt die Frauen, denen er zum Beispiel kein Haar krümmt, dank seines ausgeklügelten Fahrtwind-Managements. Oft sind es heute solche Dinge, die über Erfolg oder Mißerfolg entscheiden

Wo jedes Detail zur Überlebensgröße hochstilisiert wird, treten die wahren Mystifizierungen in Kraft. Selbst aufgekrempelte Amerikaner, wie der bekannte Autoveredler George Barris, bei dem Dean seinen 550 Spyder optisch herrichten ließ (samt *„Little Bastard“*-Schriftzug), traten plötzlich mit Gänsehaut an die Öffentlichkeit, wie der englische Autor Stephen Bailey in einem Essay berichtet:

„Barris erinnert sich: »Da war irgendwas seltsam an diesem Auto ...ein Gefühl, *bad vibrations*, eine Aura, nennen Sie's, wie Sie wollen ...es bedrückte mich. Dean war ganz aufgekratzt darüber, wie er das Rennen fahren würde und so, aber ich konnte mich nicht für das Auto begeistern ...hatte ein komisches Gefühl bei der Sache und wollte ihn nicht wegfahren lassen«.

Eine Verhängniskette düsterer Zusammenhänge rund um das Wrack machten aus dem handfesten *Body-Shop*-Besitzer einen Anhänger des Übernatürlichen: Barris hatte das Wrack um 2 500 Dollar erworben mit dem Hintergedanken, das Ding zu zerlegen und alle brauchbaren Teile zu verkaufen. Ein Mechaniker brach sich beide Beine, als das Wrack vom Truck rutschte; ein Beverly Hills-Doktor, der den Motor erworben hatte, kam damit um, ein weiterer rasender Arzt, der das Getriebe in seinen Wagen eingebaut hatte, wurde bei einem Überschlag schwer verletzt; schließlich schickte man das Wrack paradoxerweise auf eine Tournee des *Greater Los Angeles Safety Council*, versehen mit belehrenden Sprüchen wie: »Dieser Unfall hätte vermieden werden können«. Bei einem dieser Auftritte, in Sacramento, fiel das Wrack von seinem Stahlgestell und brach einem Teenager die Hüfte. 1959, in New Orleans, zerfiel es auf einer dieser Ausstellungen in mehrere Teile.“

Daß ein gefeiertes Auto eines gefeierten Schauspielers solche makabren Stories nach sich zieht, darf uns nicht weiter irritieren – die Spannkraft tiefgezogenen Bleches ist oft enorm, und gerade dort, wo sich Technik durch Präzision und Unbestechlichkeit manifestiert, scheint manchmal der Ursprung des Magischen, Unberechenbaren zu stecken.

Genau an diesem Schnittpunkt finden wir uns selber wieder, wenn wir eine eingeschriebene Füllfeder hergeborgt, ein Motorrad durch eine Winternacht gefahren, einen Computer dies- und jenseits von Programmabstürzen ausbalanciert haben.

Eigenheiten und Entropien von Technik sind ihr bestimmendes, faszinierendes Element, auch weil sie das unvermeidlich Katastrophale hervorrufen können. Jeder Versuch einer Annäherung beweist uns von Neuem die Unzugänglichkeit von Technik. Daß gerade hier ihre Faszination liegt, zeigt sich am Automobil, ihrer lebensnächsten Hochverdichtung, immer noch am besten.

68■1

Ein Auto, das im Stillstand zur Sternschnuppe wird

von Helmut Zwickl

904

69▪1

68▪1
Der Porsche 904 Carrera GTS Coupé zählt zu den erfolgreichsten Rennsportwagen der 60er-Jahre

69▪1
Technisch nahm der 904 vieles vorweg, was im Rennwagenbau später Standard wurde: gemischte Stahl-/Kunstoff-Bauweise, geringes Gewicht, kleine Stirnfläche

MAN SITZT IN AUGENHÖHE eines Schäferhundes, und wenn die Verkehrsampel auf Grün springt, hat man keine Gegner.

Man hatte auch in der Zweiliter GT-Klasse keine Gegner in den Jahren 1964 und 1965. Und so nebenbei war es tatsächlich möglich, mit diesem 904 Carrera GTS, mit diesem lupenreinsten aller Sportinstrumente, auch auf öffentlichen Verkehrsstraßen zu agieren.

Das bügelbretthohe Coupé, das nie einen Windkanal gesehen hat, zählt zu den zeitlosesten Sportwagen-Skulpturen.

In diesem herrlichen Pinselstrich von Ferdinand Alexander „Butzi" Porsche steckt kunststoffgewordener *Speed*. Selbst im Stillstand wird der 904 zur Sternschnuppe.

Der 904 nutzte das FIA GT-Reglement für die Sportsaison 1964 optimal, man mußte aber 100 Exemplare für die Homologation nachweisen, was für Porsche kein Problem war. Die potente Kundschaft riß Zuffenhausen das 29 700 Mark teure Gerät aus der Hand, das nicht nur für kurze Rundstrecken- und Bergrennen konzipiert war, sondern in Rütteltests auf dem Wolfsburger VW-Prüfgelände auch für Langstreckenrennen und Rallyes ausgehärtet wurde. Keine Rennsport treibende Firma ließ sich damals auf solche Härtetests ein.

Der neue Sechszylinder-Boxer war für den 904 nicht zeitgerecht greifbar, daher wurden die ersten 104 Exemplare mit dem bewährten Vierzylinder-Viernockenwellen-Motor vom Carrera-2 mobilisiert, was viel ungenützten Raum im Heck hinterließ. Der Motor war auch das einzig Bewährte, das Know-how der Radaufhängung stammte vom Formel 1, alles andere war in diesem Auto für Porsche eine Expedition ins Unbekannte.

Man kehrte plötzlich dem Gitterrohrrahmen den Rücken und wandte sich einem Kastenrahmen mit Kunststoffkarosserie zu.

Die Überlegung war: Für einen Rohrrahmen käme nur eine Leichtmetall-Karosserie in Frage, der Aufwand für Werkzeuge, Schweißarbeiten, Verschraubungen, Modellieren der Karosserie wäre, gemessen an den Stückzahlen, zu teuer. Zunächst erwies sich der Stahlblech-Kastenrahmen mit zwei Längsträgern und Querverbindungen als weniger verwindungssteif als der Rohrrahmen, und erst die aufgeklebte und zusätzlich mitverschraubte Kunststoff-Karosse verdoppelte die Steifigkeit.

Die Cockpit-Zelle war besonders steif, die Sitzschalen in die Struktur eingegossen, es gab keine Sitzverstellung, sondern die Fahrer mußten sich die Pedalerie anpassen und das teleskopartig verstellbare Lenkrad justieren.

Die Probleme im ersten Prototyp, der ab August 1963 sein Testprogramm absolvierte, reichten von Klebeverbindungen, die sich lösten, Rädern, die an den Kotflügeln frästen, über gerissene Längslenker, brechende Motoraufhängungen, viel zu hohen Temperaturen an den Vorderradbremsen bis zu der Tatsache, daß der Wagen ab 180 km/h vorne Auftrieb bekam.

Angesichts dieser Problem-Lawine, die auf die Porsche-Ingenieure abging, kann man sich kaum vorstellen, welchen Reifegrad dieses Auto in kürzester Zeit erreichte.

70 ▪ 1

71 ■ 1

71 ■ 2

71 ■ 3

70 ■ 1-71 ■ 3
Er war der erste Porsche mit Kunststoff-Karosserie, eine Bauweise, die anfänglich einige Problematik mit sich brachte: Klebeverbindungen lösten sich, Lufteinschlüsse im Kunststoff Palatal wurden erst nach und nach eliminiert, und doch erreichte der Typ 904 innerhalb kurzer Zeit einen hohen technischen Reifegrad. Daß er bis heute als einer der formal schönsten Sportwagen gilt, erscheint angesichts dessen beinahe nebensächlich

72▪1

72 ▪ 1
So sah ihn die Konkurrenz am häufigsten. Zu den wichtigsten Erfolgen des 904 zählen ein Doppelsieg bei der Targa Florio und erste Plätze bei der Tour de France, dem 1 000-Kilometer Rennen auf dem Nürburgring und bei den 24 Stunden von Le Mans

Die im Heinkel-Flugzeugwerk Speyer im Spritzverfahren hergestellten Karosserien aus dem BASF-Kunststoff Palatal wurden im Laufe der Produktion um bis zu 50 Kilogramm leichter. Auch dort hatte es einen Lernprozess gegeben, das Aushärten des glasfaserverstärkten Kunststoffs sowie das Beschneiden der Kunststoffteile schuf Probleme.

Bei 75 Grad in einem Trockenofen wurden die Lufteinschlüsse eliminiert. Mit 80 Mann konnten bei Heinkel pro Tag zwei Karossen gefertigt werden.

Für die Kundschaft wurde der 904 mit einem Straßen-und einem Rennauspuff geliefert. Mit dem Rennauspuff waren 180 PS bei 7 200/min käuflich, die Höchstgeschwindigkeit wurde vom Werk mit 263 km/h angegeben. Der Straßenauspuff zähmte den Motor auf 155 PS bei 6 900/min und 250 km/h *Top-Speed*. Die Werte waren für ein nur 650 kg schweres Zweiliter-Auto konkurrenzlos, nur der Zweiliter-Abarth, der kein Mittelmotor-Wagen, sondern ein reines Heckmotor-Auto war, konnte sich mit dem 904 beinahe messen, aber auch nur in der Dragster-Disziplin, solange es geradeaus ging. In Punkto Straßenlage, Handling und Standfestigkeit war der 904 ein Meilenstein, wie sich bereits bei der Targa Florio 1964 durch einen Doppelsieg zeigte.

Colin Davis/Baron Pucci gewannen zwölf Minuten vor Herbert Linge/Gianni Balzarini. Der 904 Vierzylinder war auf dem Gebirgskurs nicht umzubringen, Ferrari fehlte werksseitig am Start, und von den fünf 4,7 Liter Cobra, die Caroll Shelby einsetzte, überlebte nur einer.

Man sollte festhalten: Bei dieser Targa war auch ein 904-Coupé mit dem Achtzylindermotor am Start, gefahren von Maglioli/Barth.

In 24,5 Sekunden inhalierte ein 904 den stehenden Kilometer. Selbst heute noch kanoniert man sich mit denen als unbezahlbare Klassiker gehandelten Exemplaren in sechs Sekunden aus dem Stillstand auf 100, in 11,8 Sekunden auf 160, und im Inneren eines Cellos kann man sich auch nicht anders fühlen wie im 904-Cockpit, wo sich die Resonanzen des Motors übernatürlich verstärken, um mit einem akkustischen Festmahl an unsere Trommelfelle zu klopfen.

Der 904 war der Hit für Privatfahrer. Das Werk überlegte sogar, für 1965 eine zweite 100-Stück-Serie aufzulegen. Aber Ferdinand Piëch, inzwischen zum Chef der Versuchsabteilung avanciert, war schon damals für eine Stagnation nicht zu haben. Man machte für 1965 den 904 ein bißchen stärker und an neuralgischen Punkten steifer, baute 20 weitere 904 als Prototypenspielwiese für Sechs-und Achtzylindermotoren, bevor Piëch 1966 den 906, besser bekannt als Carrera-6, vom Stapel ließ, wieder mit Rohrrahmen, kein Kompromiß wie der 904, ein echtes Extrem-Auto, das dem neuen Sportwagen-Reglement entsprach, das zur Homologation 50 Exemplare vorschrieb.

Aber das schönere Auto blieb immer der 904.

KAPITEL 4

Die Ikone

Nur wenige Produkte besitzen so viel Ausstrahlung, daß sie über Jahrzehnte hinweg das eigentliche Markenzeichen einer Firma sind. Der Porsche 911 ist so eine Ausnahmeerscheinung. Durch Formensprache und technische Kompetenz definiert der Elfer, was ein Porsche ist.

In den ersten 34 Jahren einer scheinbar unendlichen Geschichte stellt der Porsche 911 die Grenzen allen Wachstums immer wieder neu in Frage. Denn auf der Suche nach der ewigen Jugend sammelte der Elfer rastlos neue Kräfte. Als seine Karriere 1964 beginnt, sind zwei Liter Hubraum und 130 PS ein gültiges Maß der Dinge auf der Autobahn. Die heute sichtbaren Grenzen steckt ein Turbo mit 3,6 Litern Zylinderinhalt oberhalb von 430 PS ab. Und am Horizont der Zeit signalisiert eine nächste Elfer-Generation, daß es mit noch mehr Leistung in ein nächstes Jahrtausend gehen wird.

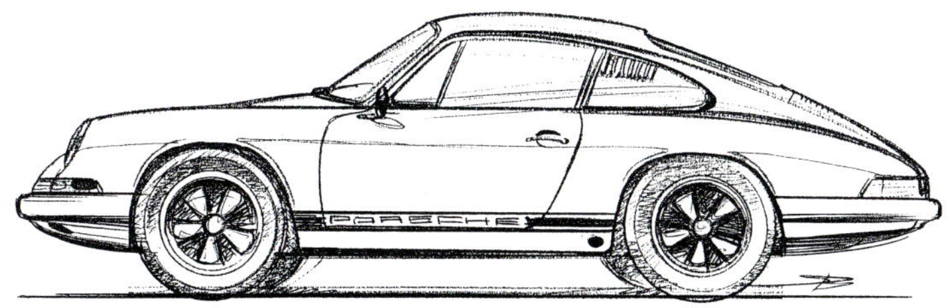

DIE TYPEN
34 Jahrgänge 911, und jeder von den vielen war ein Schritt voran in Richtung Perfektion

TECHNO 959
Als Monument des technisch Machbaren nimmt 1985 der Porsche 959 ein weites Stück Zukunft voraus

911 SAFARI
Ein Porsche für die große, wilde Jagd

URGESTEIN
Lebenslänglich Porsche, Testfahrer Herbert Linge

Von Jürgen Lewandowski
Zeichnungen von Serge Bellu

Markenzeichen und Ikone

35 Jahre reichen dem 911 zur Legende

911 TYPEN

FERRY PORSCHE BEGANN bereits Mitte der 50er Jahre darüber nachzudenken, wie und in welcher Form sich ein Nachfolger für den 356 materialisieren könnte – wobei eines bei allen Überlegungen klar war: Der Neue mußte wieder ein Coupé sein.

„Wir lebten in einer schönen Nische", erinnerte sich Ferry Porsche später, „und mit einer Limousine hätten wir gegen die Großen antreten müssen – und dieses Spiel hätten wir wahrscheinlich verloren."

Ende Oktober 1959 kristallisierte sich dann das Konzept des 356-Nachfolgers heraus: Mit einem um zehn Zentimeter auf 2,20 Meter verlängerten Radstand stand der seit langem geforderte größere Innenraum zur Verfügung, und außerdem hatte Ferdinand Alexander „Butzi" Porsche – der von seinem Vater als Design-Chef etabliert worden war – eine hinreißende Form geschaffen: „Es war immer klar, daß der Nachfolger auch über ein Fließheck verfügen mußte, um die Verwandtschaft zum 356 zu dokumentieren", äußerte er sich später zum ***901***, als der Wagen im September 1963 auf der IAA in Frankfurt Weltpremiere feierte. Daß aus dem 901 der 911 werden sollte, lag an einer gerichtlichen Verfügung der Firma Peugeot, die im Herbst 1964 ihr Anrecht auf alle Typenbezeichnungen mit einer „0" in der Mitte einer dreistelligen Ziffer durchsetzen konnte.

Ferry Porsche war schon früh klar geworden, daß der klassische Vierzylinder bald am Ende seiner Karriere anlangen würde – mehr als zwei Liter Hubraum waren nicht mehr erzielbar. So ging man einen Sechszylinder an, der erst einmal auf zwei Liter Hubraum ausgelegt wurde – aber Reserven für eventuelle Hubraumvergrößerungen bot. Daß später daraus bis zu 3,8 Liter Hubraum werden sollten, ahnte im November 1960, als der Motor mit 120 PS auf dem Prüfstand zum Laufen kam, niemand.

Als der ***911*** Ende 1964 zu den ersten Kunden rollte, verfügte der luftgekühlte Boxermotor über 1 991 ccm Hubraum, und er leistete bei 6 100/min exakt 130 PS; daß sich dieses Triebwerk im Laufe der nächsten Jahrzehnte für immer höhere Leistungen empfehlen sollte, lag nicht zuletzt daran, daß Ferry Porsche dem Drängen seiner Techniker (unter ihnen auch Ferdinand Piëch, der bis zum Ende seines Studiums an der ETH in Zürich während der Semester-

76 ▪ 1

76 ▪ 2

76 ▪ 3

76 ▪ 1
Der 911 trat seinen Siegeszug mit nur 130 PS an

76 ▪ 2
Der Targa ersetzte 1967 das vergessene Cabriolet

76 ▪ 3
Der erste 911 S bot 160 PS und Aluminium-Felgen

ferien in Stuttgart arbeitete, um ab April 1964 fest angestellt zu sein) nachgab, und dem Triebwerk von der Trockensumpfschmierung über die besten Materialien alles verpaßte, was den Sechszylinder von Anfang an zu etwas Besonderem machte.

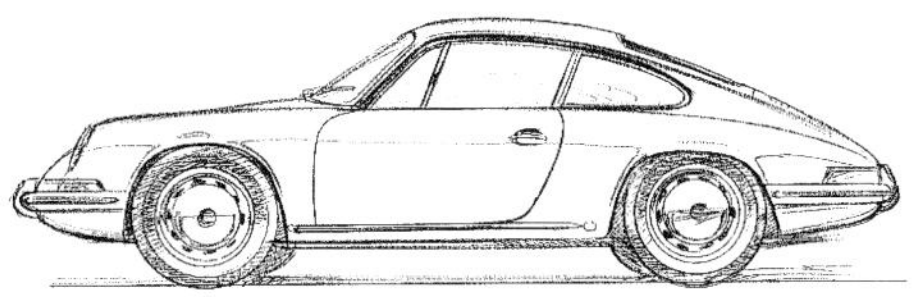

77▪1

Der schwächste Elfer aller Zeiten: 911 T mit 110 PS

Der 911 wurde zuerst als Coupé zum Preis von 23 900 Mark angeboten, womit der Neue etwa 7 000 Mark teurer als der 356 C geriet, der noch bis 1965 im Angebot war.
Zwar bot der 911 mehr Innenraum und Komfort als der 356 C, doch noch waren Fahrzeuge dieser Preisklasse eher die Ausnahme. So beschloß man am 15. Juni 1964, dem 901 (der damals noch diesen Namen trug) eine Vierzylinder-Variante unter der Bezeichnung 902 zur Seite zu stellen. Dieses Modell kam 1966 als 912 mit einem überarbeiteten, 90 PS starken Vierzylinder aus dem Porsche 356 auf den Markt.
Die Entscheidung für den 912 erwies sich als goldrichtig, denn vielen Käufern gefiel zwar die Form des 911ers, aber sie wollten gar nicht soviel Leistung – letztlich sollten vom 912er-Modell 27 738 Coupés und 2 562 Targas gebaut werden.

Der ***Targa*** sprach ab 1967 Käufer an, die gerne offen fuhren. Zwar hatte man auch an ein richtiges Cabriolet gedacht, doch rasch kristallisierte sich

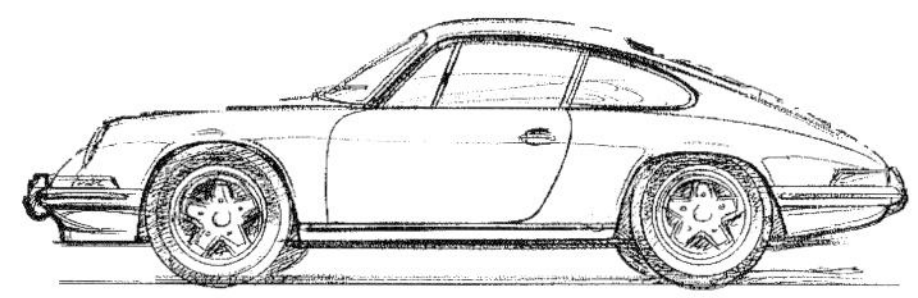

77▪2

Mit Benzineinspritzung: 1972 kam der 911 E mit 165 PS

heraus, daß – so vermerkt es ein Protokollbericht – „man beim Entwurf des Coupés keine Rücksicht auf ein Cabriolet genommen hat und deswegen Änderungen und Nacharbeiten an Türen, Türfenstern und Heckdeckel erforderlich sind, die das Cabriolet sehr teuer werden lassen."
So schuf Ferdinand Alexander Porsche stattdessen einen massiven Überrollbügel, der bis zur Windschutzscheibe mit einem herausnehmbaren Dach geschlossen wurde, während die Heckscheibe aus Kunststoff bestand und mit Hilfe eines Reißverschlusses entfernbar war. Der Targa – der Name stammte von dem sizilianischen Straßenrennen Targa Florio, das Porsche 1956 erstmals mit Umberto Maglioli am Steuer eines 550 A-Spyders gewonnen hatte – war als 911 und als 912 lieferbar. Und er erfüllte alle Erwartungen: Im Laufe des Jahres entstand rund ein Drittel aller Elfer als Targa-Variante.

Alsbald ertönte auch der Ruf nach mehr Leistung, und so sah das Jahr

77▪3

Der „Entenbürzel" machte ihn berühmt: Carrera RS

1967 mit dem ***911 S*** die erste der vielen Evolutionsstufen, die aus unverändert 1 991 ccm bei 6 600/min immerhin 160 PS abgab. Mit seinen 225 km/h erfüllte der 911 S den Wunsch nach mehr Geschwindigkeit und bot – neben den breiteren hinteren Kotflügeln – eine weitere Neuerung: geschmiedete Aluminiumfelgen des Felgenherstellers Fuchs, die die Leichtmetallfelgen populär machten.
Im Laufe der Jahre wurde der Zweiliter-Motor weiterentwickelt – so waren 1968 der 911 T mit 110 PS, der 911 L mit 130 PS sowie der unveränderte 911 S mit 160 PS im Programm. Wer es komfortabler haben wollte, konnte zum halbautomatischen Sportomatic-Getriebe mit Drehmomentwandler und vier Gängen greifen. Ein Jahr später setzte Porsche dann erstmals auf eine

mechanische Einspritzung, die beim 911 E (140 PS) und 911 S (170 PS) zum Einsatz kam. 1969 wurde aber auch der Radstand von 2 211- auf 2 268 Millimeter verlängert, um mehr Innenraum und mehr Fahrstabilität zu sichern. Und schließlich konnte der Targa nun auch mit einer festen Glas-Heckscheibe geordert werden – eine Lösung, die nur wenig später in der Serienproduktion Eingang fand.

Das neue Jahrzehnt läutete die erste Hubraumvergrößerung des Elfers ein – von 1970 an standen neue Varianten mit 2 195 ccm bei den Händlern, während die Produktion des 912 auslief. Die neue Basisversion trug noch immer die Bezeichnung 911 T, leistete nun aber bei 5 800/min 125 PS, während der 911 E bei 6.200/min 155 PS abgab. Der Traum aller leistungshungrigen Porsche-Interessenten blieb aber der 911 S, der bei 6 500/min immerhin 180 PS bereitstellte, die den Wagen auf 225 km/h beschleunigten. Um diese Fahrleistungen auch beim Abbremsen in den Griff zu bekommen, wurden von diesem Modelljahr an serienmäßig alle Varianten mit vier innenbelüfteten Scheibenbremsen ausgestattet.

Zu Beginn der 70er Jahre wurden – besonders in den USA – die Abgasgesetze immer schärfer. Porsche löste diese Herausforderung mit einer weiteren Hubraumvergrößerung.
So kam der Elfer 1972 mit 2 341 ccm auf den Markt; allerdings ging diese Vergrößerung mit einer Reduzierung der Verdichtung einher, so daß die Motoren nun auch niederoktaniges Normalbenzin vertrugen. Das Ergebnis waren der 911 T mit 130 PS bei 5 600/min und 205 km/h, der ***911 E*** mit 165 PS bei 6.200/min und 220 km/h sowie der weiter erstarkte 911 S mit 190 PS bei 6.500/min und 230 km/h.

Die Sensation dieses Jahre war aber der ***911 Carrera RS*** mit dem Heckspoiler, der als „Entenbürzel" in die Geschichte eingehen sollte. Hinter dem 245 km/h schnellen Carrera RS stand der Wunsch, ein potentes Basismodell für den Rennsport zu besitzen. Der Sechszylinder verfügte nun über 2 687 ccm Hubraum, und er leistete bei 6 300/min sensationelle 210 PS. Der Carrera RS war in vieler Hinsicht ein bemerkenswertes Auto; so wies er als erster Porsche unterschiedliche Reifendimensionen auf: vorne wurden Pneus der Größe 185/70 VR 15 auf sechs Zoll breiten Felgen montiert, während hinten die damals breitesten produzierten 215/60 VR 15-Reifen auf Sieben-Zoll-Felgen zum Einsatz kamen.

Da der Carrera RS für den Rennsport konzipiert war, hoffte Ferry Porsche, daß sich 1972 die 500 für die Homologation des Wagens nötigen Käufer finden würden. Doch die Porsche-Gemeinde hatte nur auf 210 PS zum Preis von 34 000 Mark gewartet – letztlich verließen nicht weniger als 1 580 Exemplare inklusive der 55 reinrassigen ***911 RSR***-Rennwagen das Produktionsband. 1 308 davon wurden mit dem eher luxuriösen Touring-Paket geordert, das der Ausstattung des 911 S entsprach – der Rest waren die Leichtbau-Varian-

78▪1
Mit dem 2.8 RSR stieg Porsche groß in den GT-Sport ein. Der 2,8 Liter-Sechszylinder leistete 300 PS, die ganze 917 Kilogramm zu bewegen hatten

78▪2
1974 erschien die G-Serie mit neuen Stoßstangen

78▪3
Das Top-Modell der G-Serie war der 210 PS starke Carrera

ten, die etwa 100 Kilogramm weniger als der 1 075 Kilogramm schwere Touring RS wogen. Man kann sich gut vorstellen, wie 210 PS auf 975 Kilogramm Leergewicht wirkten – eine Beschleunigungszeit von 5,8 Sekunden für Null auf 100 km/h und eine Höchstgeschwindigkeit von 240 km/h wurden sonst nur von sündhaft teuren Exoten geboten.

In einer Zeit, in der es ein Sonntagsfahrverbot und auf den Autobahnen ein Geschwindigkeitslimit von 100 km/h gab, war die Lust auf schnelle Sportwagen etwas gedämpft – doch davon ließ sich Zuffenhausen nicht abschrecken. Das Ergebnis war die G-Serie, die 1974 deutlich überarbeitet auf den Markt kam. Ihr optisches Erkennungsmerkmal waren die Faltenbälge an den Stoßstangen.
Von diesem Baujahr an besaßen alle Modelle 2,7 Liter Hubraum und eine Bosch K-Jetronic, dazu gab es neue Bezeichnungen und neue Leistungsdaten: Basismodell war der ***911*** mit 150 PS bei 5 700/min und 210 km/h, über dem der 911 S mit 175 PS bei 5 800/min und 225 km/h angesiedelt war. Das Top-Modell trug nun den Namen ***911 Carrera***, leistete bei 6 300/min 210 PS und erreichte 240 km/h.

Nachdem der Carrera RS so erfolgreich war, schob die Rennabteilung eine noch stärkere Variante zum Preis von 64 980 Mark nach: den ***Carrera RS 3.0*** mit 2 994 ccm Hubraum und 230 PS Leistung.
Dies war der erste Porsche mit einem großen Heckflügel und extrem breiten Kotflügeln, die den Einsatz von Rennreifen (vorne acht Zoll/hinten neun Zoll) ermöglichten. Die Fahrleistungen lagen bei phänomenalen 5,7 Sekunden von Null auf 100 km/h, während die Höchstgeschwindigkeit mit 238 km/h knapp unter der des RS 2.7 lag, da die Kotflügelverbreiterungen die Aerodynamik deutlich verschlechterten.
Der RS 3.0 entstand in kleineren Stückzahlen, da das Reglement nur den Bau von 100 Fahrzeugen vorschrieb, um den Wagen in der Gruppe 4 homologieren zu können. Letztlich wurden es 111 Fahrzeuge: 54 Straßenmodelle, 42 RSR-Rennversionen und 15 IROC-Fahrzeuge, die der Amerikaner Roger Penske für sein „International Race of Champions" geordert hatte.

Wer an den breiten Reifen und Kotflügeln des RS 3.0 Gefallen gefunden hatte, konnte 1975 zum ersten ***911 Turbo*** greifen. Porsche hatte im Laufe der Jahre im Rennsport mit Turboladern viel Erfahrung sammeln können, und so war man gerne bereit, diese Technologie auch den stets leistungshungrigen Kunden zur Verfügung zu stellen.
In seiner ersten Ausführung leistete der Turbo mit 2 994 ccm Hubraum bei 5500/min 260 PS. Mittlerweile wußte man auch, daß die Kunden bereit waren, höhere Schecks auszustellen – und so kostete der Turbo 65 000 Mark. Dafür gab es aber eine Beschleunigung in 5,2 Sekunden von Null auf 100 km/h und 260 km/h Top-Speed.

1976 waren nur noch drei Modelle im Programm: der bewährte 911 mit dem 165 PS starken 2,7-Liter-Motor, ein neuer Carrera 3.0, der jetzt 2.994 ccm Hubraum besaß und bei 6 000/min 200 PS leistete und der unveränderte Tur-

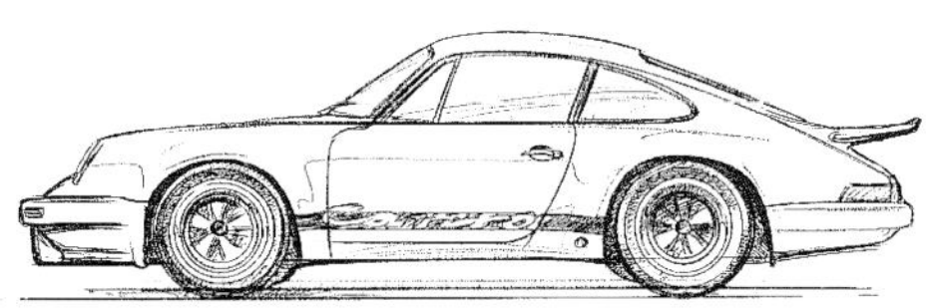
79▪1

79▪2

79▪3

79▪1
Exakt 1 036 Exemplare entstanden 1974 vom 210 PS starken Carrera. Der große Heckspoiler mußte gegen Aufpreis erworben werden

79▪2
Auf der Rennstrecke gezüchtet: Der Turbo mit 260 PS

79▪3
Von 1977 an bot der Turbo 300 PS und 260 km/h

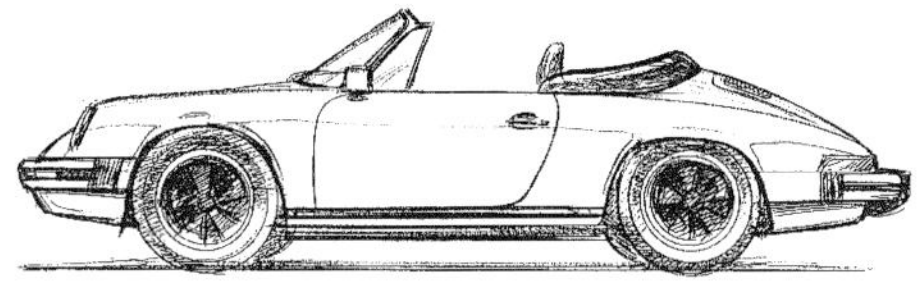
80■1

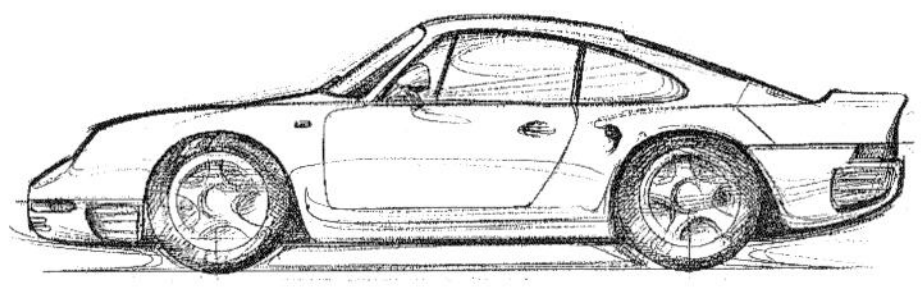
80■2

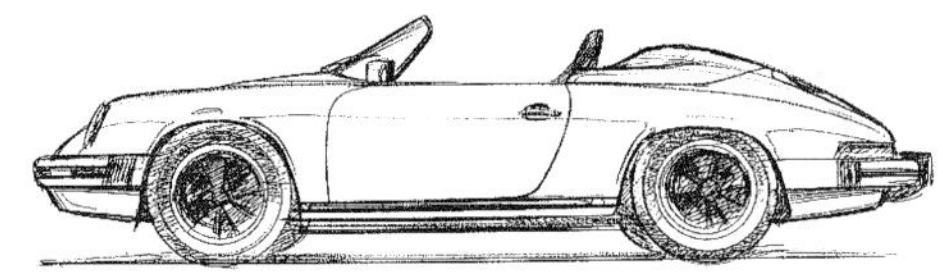
80■3

bo. Parallel zu dieser Modellbereinigung sorgte Porsche auch als erste Firma der Welt mit Karosserieteilen, die teilweise aus doppelseitig verzinkten Stahlblechen gebaut wurden, für eine aktive Rostvorsorge.

Die nächste Straffung des Programms stand für den Herbst 1977 an; da man mittlerweile mit dem 911, dem 924 und dem 928 über drei Modellreihen verfügte, gab es nur noch zwei 911-Modelle: den 911 SC als Coupé und als Targa sowie das Turbo-Coupé.
Der Begriff SC stand übrigens für die Kombination aus „S"-Modell und Triebwerk „Carrera".

Wohl wissend, daß die Lust nach Leistung stets präsent war, hatte Porsche beim Turbo durch eine Hubraumvergrößerung auf 3 299 ccm und den Einbau eines Ladeluftkühlers für eine weitere Anhebung der Leistung gesorgt: Nun geboten die Besitzer des 260 km/h schnellen ***Turbo 3.3*** über glatt 300 PS, die bei 5 500/min bereitstanden.

1983 bekam der 911 zu seinem 20. Geburtstag das langerwartete ***911 SC Cabriolet*** zur Seite gestellt – den ersten Vorstoß für dieses Cabrio hatte es auf der IAA im September 1981 gegeben, als das Werk eine Cabrio-Studie mit Allradantrieb und Turbotriebwerk präsentierte. Die Resonanz war so positiv, daß man sich daran machte, dem lange vermißten Cabrio zur Serienreife zu verhelfen.
Waren die Verdecke der ersten, von 1983 an ausgelieferten Cabrios noch von Hand zu bedienen, so arbeitete Porsche intensiv daran, auch ein elektrisch zu betätigendes Verdeck serienreif zu bekommen – denn dies war der Wunsch Ferry Porsches gewesen.
Das neue Cabriolet verkaufte sich auf Anhieb prächtig: In den nächsten Jahren sollten jährlich zwischen 2 300- und 7 000 Exemplare verkauft werden, ohne daß der Verkauf des parallel weiter produzierten Targas nennenswert abnahm.

In den nächsten beiden Jahren konzentrierte sich Porsche auf die Modellpflege – so stieg der Hubraum des 911 Carrera im Jahre 1984 auf 3 164 ccm, parallel dazu wuchs die Leistung auf 231 PS. Im Jahr darauf kam dann der erste Elfer mit einem geregelten Katalysator zum Einsatz, wobei den Käufern aber nur noch 207 PS zur Verfügung standen.
Schon lange hatten die Kunden den Wunsch geäußert, auch die Basismodelle mit den Kotflügelverbreiterungen und der Bereifung des Turbos kaufen zu können – ein Wunsch, der vom Modelljahr 1985 an erfüllt wurde. Die Lust auf noch mehr Leistung brachte vom nächsten Jahr an die Option, den 3.3-Liter-Turbo auch als Targa und als Cabriolet zu bestellen – eine Variante, die bis 1989 zu 299 Turbo-Targa- und 1 642 Turbo-Cabriolet-Fahrzeugen führen sollte.

Das Jahr 1986 brachte den ***959***. Der in einer Kleinserie von zuerst nur 200 Exemplaren (später entstanden noch 84 weitere Fahrzeuge) gebaute Wagen bot alles, was die Techniker schon immer einmal in einem Elfer unterbringen

80■1
Nach 18 Jahren Bauzeit kam das 911 SC Cabriolet

80■2
Der stärkste seines Stammes: Der 959 bot 450 PS

80■3
Offener ging es nicht mehr: Carrera Speedster von 1987

wollten. Der 959 verfügte über einen Sechszylinder mit 2 850 ccm Hubraum, der mit Hilfe von zwei Turboladern bei 6 500/min stramme 450 PS leistete. Ein ingeniöses Kunstwerk, das sowohl bei der Rallye Paris-Dakar wie auch beim 24-Stunden-Rennen von Le Mans erfolgreich zum Einsatz kam – und um das sich die Reichen dieser Erde schlugen. Der 959 bot zum Preis von 420 000 Mark aber nicht nur einen permanenten Allradantrieb, sondern auch 315 km/h Höchstgeschwindigkeit und die Alltagstauglichkeit, die man bei Porsche schon immer erwarten durfte. Bis heute ist der 959 die Inkarnation dessen, wozu das 25 Jahre zuvor erdachte Konzept unter Ausnutzung aller technischen Freiheiten und der Vernachlässigung aller Kostenbeschränkungen fähig war.

Das Jahr 1987 brachte dann den Speedster, der in seiner Kargheit an die Modelle der 50er Jahre erinnerte – von ihm entstanden nur 2 100 Exemplare (davon etwa 60 mit schmaler Karosserie).

In diesem Jahr lief auch das erste 911 Carrera Club-Sport-Coupé vom Band, das für den Einsatz in Clubrennen konzipiert war. Zum Preis von 82 275 Mark gab es einen erleichterten Elfer (kein Dämmaterial, keine Hohlraumkonservierung, kein Unterbodenschutz), bei dessen Motor die Drehzahlgrenze auf 6 840/min angehoben wurde und der mit Katalysator 217 PS (ohne Katalysator 231 PS) ablieferte. Von dem spartanischen Fahrzeug wurden in den drei folgenden Jahren 340 Exemplare (davon ein Targa) verkauft.

Das Modelljahr 1989 brachte große Änderungen mit sich, denn Porsche hatte ein neues Karosseriewerk in Betrieb genommen und dort im Januar 1989 mit der Produktion des ***Carrera 4*** begonnen, der als erste Variante die Baureihe 964 einführte.
Er besaß eine optisch stark überarbeitete Karosserie, dazu erhielt er als erster Porsche einen ausfahrbaren Heckspoiler, der erst bei Geschwindigkeiten über 80 km/h nach oben schwenkte. Unter der neuen Form arbeitete die nächste Evolutionsstufe des Boxermotors, die nun 3,6 Liter Hubraum und 250 PS aufwies. Mit einer Beschleunigung in 5,7 Sekunden von Null auf 100 km/h und 260 km/h Höchstgeschwindigkeit war der Carrera 4 das schnellste Allrad-Coupé dieser Tage.
Natürlich kam der 964 im Laufe der nächsten Monate in allen Varianten auf den Markt, so war er von 1990 an auch als Carrera 2 zu erwerben – hier verfügte der Wagen über einen Hinterachsantrieb, was das Modell nicht nur etwa 100 Kilogramm leichter, sondern auch agiler werden ließ. Neu war auch die Tiptronic, ein Automatik-Vierganggetriebe, das von Hand sequentiell geschaltet werden konnte.

Nachdem sich die Kunden offensichtlich für sehr sportliche Fahrzeuge begeistern konnten, feierte im Herbst 1990 die nächste ***Carrera RS***-Generation Premiere. Wieder betont leicht – Leergewicht 1 240 Kilogramm – und mit einer auf 260 PS angehobenen Leistung wurden immerhin 2 279 Einheiten verkauft.

81 ▪ 1

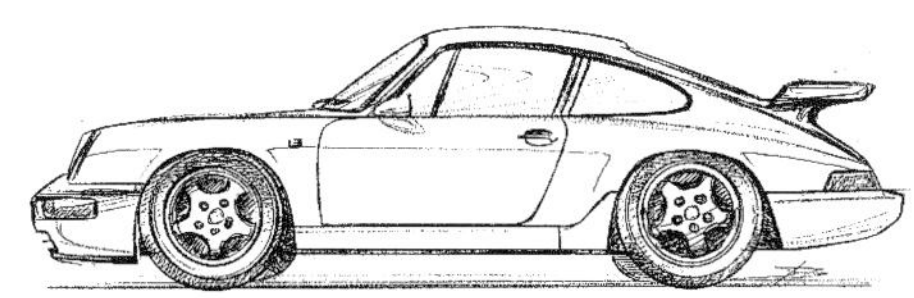
81 ▪ 2

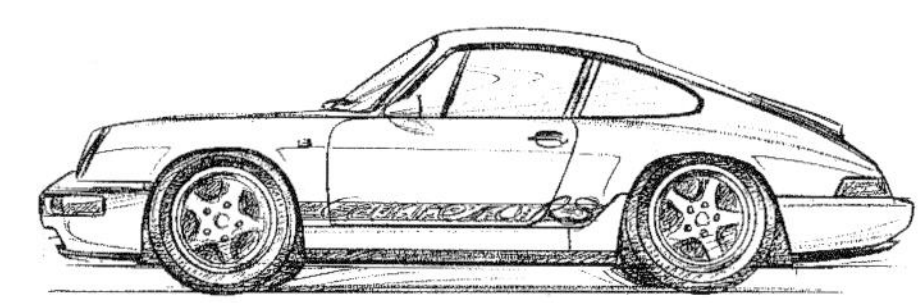
81 ▪ 3

81 ▪ 1
Nun auch mit Allradantrieb: Carrera 4 von 1988

81 ▪ 2
Stets der Schnellste: 1991 leistete der Turbo 320 PS

81 ▪ 3
Betont leicht, betont sportlich: Der Carrera RS mit 260 PS

Mit der Einführung des 964 war auch die Produktion des Turbo im Juli 1989 eingestellt worden, und es sollte bis zum Frühjahr 1991 dauern, bis die nächste ***911 Turbo***-Generation auf der Basis des 964 erschien. Trotz des geregelten Katalysators leistete der 3,3-Liter-Motor jetzt bei 5 750/min 320 PS. Bei allen Qualitäten dieses Fahrzeugs, das besonders in punkto Umweltfreundlichkeit neue Maßstäbe setzte, gab es Diskussionen über das Temperament. Zwar erreichte der Turbo nun 280 km/h, aber das normale Coupé fuhr eben auch schon 260 km/h – und der Turbo war mit 178 500 Mark Kaufpreis nicht gerade billig.

So machten sich die Techniker rasch daran, dem Turbo zu mehr Leistung zu verhelfen. Doch bevor der Turbo 3.6 erschien, präsentierten die Stuttgarter zuerst noch 1992 die nächste Steigerungsstufe des Carrera RS mit einem stärkeren 3,6-Liter-Saugmotor, der nun als Cup-Version zum Preis von 148 000 Mark glatte 275 PS lieferte und in 112 Exemplaren gefertigt wurde.

1993 stand dann ganz im Zeichen des Turbo – die neue 3,6-Liter-Variante stellte nun bei 5 500/min stolze 360 PS zur Verfügung. Und wer es noch etwas eiliger hatte, konnte zu dem in einer Kleinserie von nur 80 Exemplaren gefertigten 295 km/h schnellen ***Turbo S*** greifen, der über 381 PS verfügte und 295 000 Mark kostete.

In diesem Jahr erschien auch die zweite Generation des Speedsters auf der Basis des 964. Sie wurde zuerst nur mit der „schmalen" Karosserie des Cabriolets zum Preis von 131 500 Mark angeboten, was gegenüber dem luxuriöseren Cabrio eine Ersparnis von 8 457 Mark bedeutete. Doch die Kundschaft protestierte. Sie wollte ihren ***Carrera Speedster*** auch mit der breiten Karosserie des Turbos kaufen können. Ein Wunsch, den das Werk gerne erfüllte: Bis Ende 1993 wurden 930 Exemplare gebaut.

Im Herbst 1993 stand dann die nächste ***Carrera***-Generation mit der Typbezeichnung 993 bei den Händlern.

Optisch und technisch war mit dem 993 praktisch ein neues Fahrzeug entstanden, dessen Sechszylinder nach viel Detailarbeit nun 272 PS Leistung abgab. Neu war ein Sechsgang-Schaltgetriebe. Rasch wurde auch eine Allradversion unter dem bewährten Namen Carrera 4 angeboten.

Das Jahr 1995 bot reichlich neue Modelle: So feierte der neue 911 Targa Premiere, bei dem der Drang nach Frischluft mit Hilfe eines großen Glasdaches befriedigt werden konnte, das sich beim Öffnen hinten unter die Heckscheibe versenkte.
Die eigentliche Sensation dieses Jahres war jedoch der neue ***911 Turbo***, der auf der Basis des Carrera 4 mit einem permanenten Allradantrieb und einem 408 PS starken Motor mit zwei Turboladern ausgeliefert wurde.
Der neue Turbo begeisterte jedoch nicht nur durch seine unglaubliche Kraft, die das Coupé über die 300 km/h-Grenze trieb, sondern auch durch die außergewöhnlich gute Straßenlage.

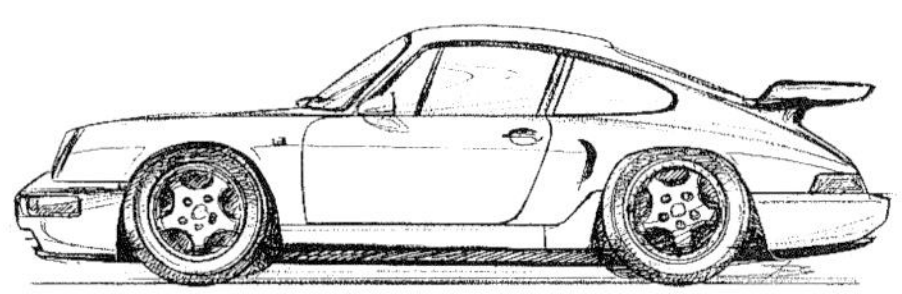

82 ▪ 1

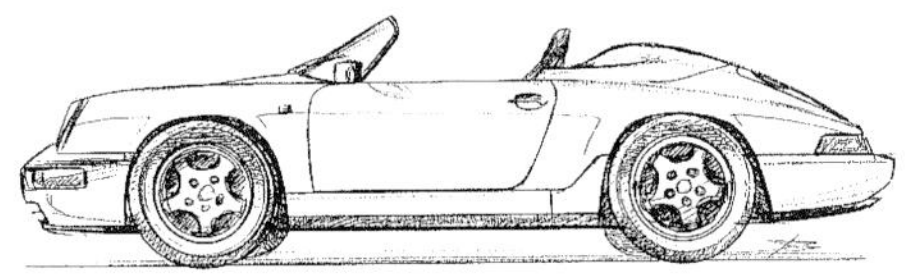

82 ▪ 2

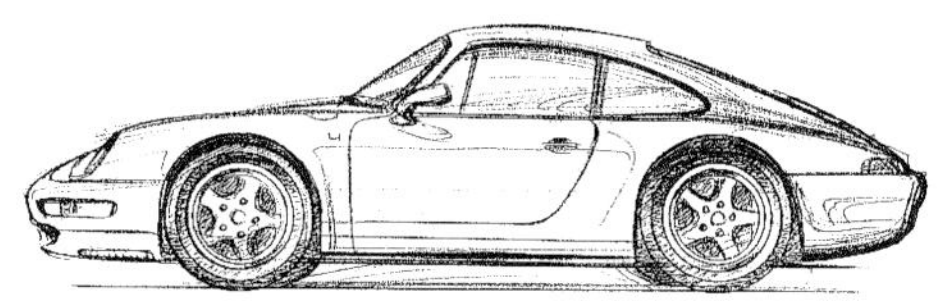

82 ▪ 3

82 ▪ 1
Vom 381 PS starken Turbo S entstanden nur 80 Stück

82 ▪ 2
1993 rollte die zweite Speedster-Generation an den Start

82 ▪ 3
1993 kam auch der 993 – als Coupé und als Carrera

Was dazu führte, daß in den Fahrberichten sofort erste Vergleiche mit dem legendären 959 gezogen wurden.

Porsche dachte auch weiterhin an die sportlich Engagierten. So gab es einerseits einen verfeinerten Carrera RS, der mit einem 3,8-Liter-Motor 300 PS bereitstellte, andererseits kam mit dem GT 2 eine Wettbewerbsversion des Elfers, dessen Turbomotor nun 430 PS leistete. Der GT 2 war ein bemerkenswerter Zwitter – nicht weniger als 172 Kunden bestellten ihn als Straßenfahrzeug, während er von 65 Käufern als Rennwagen geordert wurde.

Der schärfste Elfer aller Zeiten dürfte jedoch der GT 1 gewesen sein, zu dessen Bau sich Porsche 1996 entschloß, um bei der GT-Weltmeisterschaft vorne mitfahren zu können. Daß die Homologation auch den Bau mindestens eines Straßenwagens vorschrieb, hatte die Konsequenz, daß es auch einige GT 1 mit Straßenzulassung und beachtlichen 544 PS Leistung geben wird. Die weniger erfreuliche Nachricht dazu ist, daß der 310 km/h schnelle Wagen weit über eine Million Mark kosten soll.

Wer die Zeichen zu deuten wußte, ahnte schon lange, daß die Zeiten des klassischen Elfers einmal zu Ende gehen mußten. Schließlich hatte die Luftkühlung mit den schärfer werdenden Abgas- und Geräuschvorschriften immer größere Probleme. So war der Weg zur Wasserkühlung letztlich unumgänglich. Die nötige Erfahrung erarbeitete man sich – wie bei Porsche üblich – mit der Hilfe von Rennmotoren, und das erste Serienprodukt war dann das 204 PS starke 2,5-Liter-Triebwerk des Boxsters, der im Sommer 1996 Premiere feierte.

Im September 1997 stand dann der langerwartete neue Porsche ***911*** auf der IAA. Er ist größer, geräumiger und komfortabler geworden, wobei unter der Heckklappe immer noch ein Boxertriebwerk arbeitet, nun wassergekühlt und mit 300 PS aus 3 387 ccm Hubraum. Obgleich der Neue zuerst kritisch beäugt wurde, überzeugte er doch mit beachtlichen Fahrleistungen: Null auf 100 in 5,2 Sekunden, Null auf 200 in 19,6 Sekunden und 280 km/h Höchstgeschwindigkeit sprechen für sich. Der neue Carrera ist ein schöner Beweis dafür, daß Fortschritt aber nicht nur mehr Temperament bei weniger Hubraum bietet, sondern auch zur Ökonomie beitragen kann, denn die Verbrauchswerte liegen etwa zehn Prozent unter denen des Vorgängers.

Klar, daß der neue, ewig junge Elfer im Laufe der Zeit auch die diversen Varianten erhalten wird. So feierte das Cabriolet im März 1998 auf dem Genfer Automobilsalon Weltpremiere, während im Herbst 1998 der neue Carrera 4 zu erwarten sein wird. Und noch in diesem Jahrtausend wird es auch einen neuen Turbo geben.

Der luftgekühlte Boxermotor, von dem bis Ende 1997 etwa 400.000 Exemplare gebaut wurden, wird erst zur Jahrtausendwende in den wohlverdienten Ruhestand gehen, womit er dann über knapp vier Jahrzehnte seinen Teil zur Freude am Fahren beitragen konnte. Vier Jahrzehnte, in denen ein ungewöhnlicher Motor und ein tolles Konzept zur Ikone reiften.

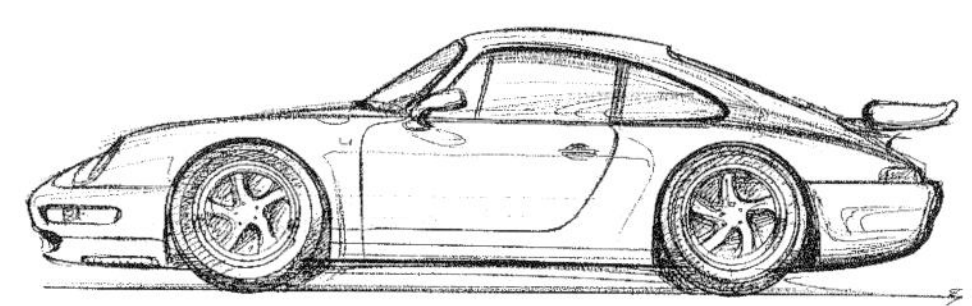

83▪1

83▪2

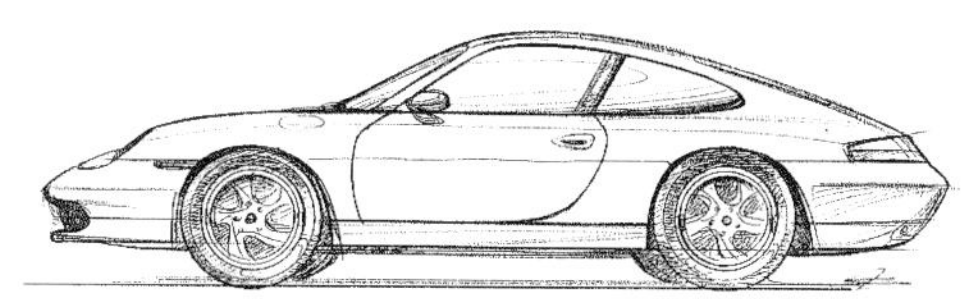

83▪3

83▪1
Mit Allradantrieb und Doppelturbolader: Der 993 Turbo

83▪2
Das große Glasdach ist der Clou des neuen Targa

83▪3
Der Neue: Ein neuer Carrera – und doch ein echter Elfer

EINMAL SUPER, BITTE!

von Clauspeter Becker

DAS SCHAUSPIEL MOTORISCHER GEWALTANWENDUNG erhält 1985 eine neue Dramaturgie. Wer ungeachtet aller Stärke daran gewöhnt war, den Leistungsaufbau einer Hubkolbenmaschine als einen starken gleichmäßigen Fluß zu empfinden, den konfrontiert der Porsche 959 damals wie heute mit einer neuen, ungemein erregenden Form der Kraftentfaltung. Statt des vertrauten Schubs kommt hier der Eindruck auf, das Heck sei mit einem fast unerschöpflichen Vorrat an Mehrstufen-Raketen geladen, die es einfach mit einem Tritt aufs Gaspedal zu zünden gilt. Und das in jedem Gang aufs Neue.

Alles Beschleunigen gleicht hier einem Ritt über drei Leistungskurven, und dieses Erlebnis verdanken wir einer Technik, die einem kurzlebigen Kometen gleich auf ihrem Weg in die Zukunft verglühte. Der Porsche 959 ist das erste und einzige in Serie gebaute Auto mit Registeraufladung, die Druck und Drehmoment in drei Stufen fabriziert. Wer den Kraftakt der Maschine bei niedriger Drehzahl in Gang setzt, erlebt zuerst eine selbstansaugende doch keineswegs beschauliche Phase. Bei etwa 2500 Touren versetzt einem dann der Lader Nummer eins den ersten barschen Tritt ins Kreuz. Der Wirbelsäule bleibt danach nicht sehr viel Zeit, sich wieder auszustrecken, denn oberhalb von 4500 Touren meldet sich der Lader Nummer zwei mit wuchtigem Schub und ergreifender Akustik aus dem Hinterhalt.

Und schon in dieser Frühzeit aller *Heavy Metal Music* gibt es für den 959 eine Steigerung des turbogeladenen Trompetenkonzerts. Der Leistung wegen wurde selten und auch insgeheim der Schalldämpfer hinter dem zweiten Lader weggelassen, wonauf bei Vollast ein Inferno und ein gehöriger Leistungszuschlag zur Verfügung steht.

Heute, 18 Jahre später, gibt es nicht nur Porsche-Modelle sondern auch andere Autos, die besser beschleunigen als ein 959. Aber nie wieder gibt es seither eine so dramatische Vorführung der Leistung und nie wieder ein so aufregend moduliertes Motorgeräusch.

Diese wilden Seiten des Super-Porsches der Vergangenheit sind seinerzeit eigentlich ein Nebenprodukt, vielleicht sogar ein eher unerwünschtes. Denn erst auf seinem zweiten Bildungsweg hat der 959 ein perfektes und kultiviertes Monument des technisch Machbaren werden sollen.

Die nie gezähmten wilden Umtriebe kommen aus einer sportlichen Jugendzeit, als der 959 im Werk noch mit dem Titel „Gruppe B“ angeredet wird. Das ultimative Wettbewerbsauto hatte er werden sollen, stark und wild genug, die kraftstrotzenden Allrad-Bestien von Audi, Lancia oder Ford bei lebendigem Leibe zu verschlingen. Aber dann zeigt die F.I.A. als wohlwollende Sportbehörde Einsicht: Sie gebietet dem Powerplay mit 600- und womöglich mehr PS Einhalt und führt das Reglement auf die seriennahen Autos zurück.

Das technisch schon recht fortgeschrittene Superauto Porsche 959 braucht einen neuen Job. Professor Helmut Bott, Wolfhelm Gorissen und Manfred Bantle beschließen, den Wagen nun der Rolle des Technologieträgers zu widmen; am Porsche 959 soll der höchste Stand der Technik der achtziger Jahre dargestellt werden. Viele Aufgaben werden seinerzeit mit großem Aufwand gelöst, und daraus wächst schon wenig später die Erfahrung, daß vieles einfacher genauso gut zu lösen ist. Der Motor ist ein gutes Beispiel für den Maschinenbau nach dem Motto: Von allem stets das Beste nur.

959

84 ▪ 1

84 ▪ 1
Ein exklusives Arrangement der Instrumente im Porsche 959: Drehzahlmesser bis 8 500/min, Ladedruckanzeiger bis 2,0 bar und ein Tachometer bis 340 km/h

85 ▪ 1
Der 959 trat bei aller Sportlichkeit mit der natürlichen Anmut und der seriösen Note auf, die alle 911 auszeichnet und von vielen Sportwagen unterscheidet

85 ■ 1

86 ■ 4
86 ■ 3
86 ■ 1
86 ■ 5
86 ■ 6
86 ■ 2
87 ■ 4
87 ■ 2
Studio Torr

Die Ikone

Der Techno-Gigant 959

87 ▪ 1
Sechszylinder-Boxermotor, 2 850 ccm mit zwei Turboladern, Registeraufladung, Leistung 450 PS (331 kW) bei 6 500/min, Drehmoment 500 Newtonmeter bei 5 500/min

87 ▪ 2
Wassergekühlte Zylinderköpfe, je zwei obenliegende Nockenwellen mit Kettenantrieb, vier Ventile pro Brennraum, luftgekühlte Zylinder, zwei Ladeluftkühler

87 ▪ 3
Hinterachse mit doppelten Querlenkern, auf jeder Seite zwei Bilstein-Gasdruckdämpfer, einer mit Feder, einer mit hydropneumatischem Niveaulift

86 ▪ 1
Vorderachse mit doppelten Querlenkern, auf jeder Seite zwei Bilstein-Gasdruckdämpfer, beide mit Feder, einer mit hydropneumatischem Niveaulift

86 ▪ 2
Sechsgang-Schaltgetriebe mit Antrieb zur Vorderachse

86 ▪ 3
Gehäuse für das Vorderachsdifferential und die hydraulisch betätigte Lamellen-Kupplung für die Kraftverteilung zur Vorderachse

86 ▪ 4
Wasserkühler für den Kühlkreislauf der beiden Zylinderköpfe

86 ▪ 5
Zahnstangenlenkung mit Servounterstützung

87 ▪ 4
Leichtmetallräder mit hohl gegossenen Speichen und induktiver Reifendruckanzeige. Felgen 9 J 17, Reifen 255/35 ZR 17. Die Belüftungsblenden waren für die Rennversion vorgesehen

86 ▪ 6
Vorderräder mit Felgen 8 J 17, Reifen 235/40 ZR 17. Straßenreifen: Bridgestone RE 71

Die Basis bildet natürlich der Sechszylinder-Boxer. Aber dessen ursprüngliche Auslegung auf den Sporteinsatz hat ihm wegen einer im Sportgesetz festgelegten Relation von Hubraum und Gewicht den relativ kleinen Zylinderinhalt von 2 850 ccm beschert. Um daraus nun die angepeilten 450 PS (331 kW) zu zaubern, sind viele neue Tricks der Technik nötig.

Die Zylinderköpfe haben schon 1985 den Stand der Technik von heute: Wasserkühlung, zwei obenliegende Nockenwellen, vier Ventile pro Zylinder. Die Luftkühlung der Zylinder bleibt eher ein Zugeständnis an die Tradition. Die Register-Turboaufladung läßt sich als Fluchtversuch aus einem Turboloch verstehen, dessen Tiefe seinerzeit noch deutlich spürbar ist. Vergleicht man die Daten damals und heute, so stehen auf dem Konto des 959 eine Leistung von 450 PS (331 kW) bei 6500/min und ein Drehmoment von 500 Newtonmetern bei 5500/min. Ein Porsche Turbo von 1998 wendet zwar 3,6 Liter Hubraum auf, aber er leistet mit klassischen luftgekühlten Zweiventilköpfen und zwei Turboladern ohne Registerschaltung 430 PS (316 kW) bei 5750/min und entwickelt ein Drehmoment von 550 Newtonmetern bei 4500/min.

Ein weiteres Wunderwerk der Technik ist auch der Allradantrieb. Die Kraftverteilung zur Vorderachse folgt einem hochintelligenten System. An den vier Rädern wachen die ABS-Sensoren über den Schlupf. Ein elektronischer Rechner wertet die Daten aus. Und nach dessen Befehlen reguliert eine Hydraulik den Kraftfluß nach vorn über eine Lamellenkupplung. Zusätzlich gibt es an der Hinterachse eine in gleicher Weise elektrohydraulisch variable Differentialsperre. Über alle Ratschlüsse der Elektronik hinweg bietet der 959 dem Fahrer die Möglichkeit, Traktionsprogramme frei zu wählen. Einen solchen Aufwand hat nie wieder ein Porsche-Antriebsstrang erreicht, und die heutigen Allradmodelle einschließlich des starken Turbos kommen mit einer Viscokupplung aus, die ohne Zutun von Elektronik oder Fahrer die Kraftverteilung perfekt regelt.

Die Elektronik scheint 1985 auch das Fahrwerk zu beherrschen. Rechnergesteuerte Niveau-Regulierung und Dämpferverstellung verdecken beim 959 vielleicht etwas den Blick auf das Wesentliche, denn in erster Linie kommen die sensationellen Fahreigenschaften aus der Konstruktion neuer Radaufhängungen mit doppelten Querlenkern an Vorder- und Hinterachse. Hier wird erstmals sichtbar, was 1993 ein neuer 911 mit einfacheren Mitteln klar beweist: das offenbar unendliche Entwicklungspotential, das sich einem Heckmotor-Auto mit entsprechenden Radaufhängungen entlocken läßt.

Auch die Karosserie des Porsche 959 erlaubt uns 1985 einen Blick in die Zukunft, die sich in unserer Gegenwart noch nicht vollendet hat. Zu erkennen ist immerhin damals schon der Trend zu flacheren Kotflügeln vorn, die Luftführung für die Wasserkühler und die Integration des Spoilers ins Heck. Aber kein Elfer bisher hat die Breite des 959 mit seinen 1840 mm je erreicht. Abstand halten die Nachkommen auch zu den aerodynamischen Qualitäten: Die Karosserie des 959 ist frei von jedem Auftrieb, was dem Fahren mit Tempo 300 eine Sicherheit und Ruhe gibt, die Walter Röhrl für immer noch unerreicht hält.

Obwohl die Sportkarriere des 959 per Gesetz storniert wurde, erntet der Superporsche etwas vom verdienten Ruhm. Er gewinnt den Wüsten-Raid Paris Dakar 1986. Die wirtschaftliche Bilanz des Technologieträgers endet bei 283 verkauften Exemplaren, von denen die meisten heute ein geruhsames und verschleißfreies Dasein als Sammelstücke fristen. Für Porsche selbst ist die teuerste Variante des 911 kein Geschäft, die Gestehungskosten eines 959 liegen etwa doppelt so hoch wie sein Verkaufspreis von 450 000 Mark.

Dennoch lohnt das teure Experiment: Im Laufe aller weiteren Entwicklungen erweist sich der 959 als der Vater aller modernen 911 in den neunziger Jahren. Er enthält nicht nur alles, was man für die Zukunft braucht, sondern er zeigt auch rechtzeitig alles, was nicht wirklich nötig ist. Da der Porsche 959 wie viele Superautos jener Tage am Ende doch kein Spekulationsobjekt wurde, ist er nach wie vor ein günstiger Gelegenheitskauf. Wenig gebraucht ist er ab 365 000 Mark zu haben, und er bietet mehr High-Tech fürs Geld, als sonst für diesen Preis zu haben ist.

89 ▪ 1
Wer dem Porsche 959 in der Mitte der Achtziger Jahre in die Augen schaute, konnte in die Zukunft blicken. Denn er sah damals schon die spätere Form der Kotflügel und voluminöse Luftschlitze, durch die erstmals Wasserkühler atmeten

S-JD 5605

90 ■ 1

Die Ikone

Der Techno-Gigant 959

90 ▪ 1
Das typische Lüfterrad des Porsche-Boxermotors fördert im 959 die Kühlluft nur noch zu den sechs Zylinders. Die Zylinderköpfe sind wassegekühlt

91 ▪ 1
Die Sitze des 959 hatten Fahrer und Beifahrer gut im Griff. Statt des Leders konnte der Kenner griffige Wollstoff-Bezüge ohne Aufpreis bekommen

91 ▪ 2
Im Tageslicht der öffentlichen Straßen läßt sich ein 959 nur selten blicken. Sein Lebensraum sind Museen und klimatisierte Garagen reicher Sammler

91 ▪ 3
Die Aerodynamik des 959 bot 1985 ein Optimum für schnelle Fahrer. Der Auftrieb blieb an beiden Achsen gleich Null. Die Folge: perfekte Bodenhaftung

91 ▪ 1

91 ▪ 2

91 ▪ 3

Von Michael Köckritz

Lauter Emotionen

Typen, die mit und für Porsche leben

MENSCHEN

Herbert Linge

1954. Da nahm „Mister Weissach" zusammen mit Helmut Polensky beim berühmt-berüchtigten Langstrecken-Marathon Lüttich-Rom-Lüttich teil – und beendete ihn nach vier Tagen und vier Nächten genau da, wo man selbst in den kühnsten Träumen nie anzulangen glaubte, weil man ja das erste Mal überhaupt mit diesem Porsche-356-Aluminium-Coupé und dem Vier-Nockenwellen-Motor aus dem Spyder an den Start ging: Auf dem Siegertreppchen! Völlig erschöpft, aber überglücklich, Pokal und Zigarre fest im Griff.

Vielleicht hing dieser Erfolg aber auch damit zusammen, daß die beiden den neuen Renner zuvor ausgiebig testen konnten – während der Anfahrt, oder besser, wie Linge präzisiert: „Versuchsanreise".

Aber so war das eben, wenn man seinen Lebensunterhalt nicht aus der Rennerei allein bestreiten konnte. Dieses Privileg war nur einigen wenigen Weltklassefahrern vorbehalten. „Gagen waren für uns so gut wie unbekannt, und die Preisgelder deckten meist nur die Spesen." Also blieb Linge bei seiner Arbeit. Bei Porsche.

Den anderthalb Jahrzehnten imposanter Rennkarriere steht das viereinhalb Jahrzehnte währende Leben eines Vorzeige-Porscheaners gegenüber. Sein ganzes Berufsleben lang war Herbert Linge bei Porsche tätig. Von 1943 an, als der 15jährige mit besten Zeugnissen und heftigem Interesse an Auto und Technik vom strengen Professor selbst als Lehrling akzeptiert wurde, bis zu seinem offiziellen Abschied 1987 als Leiter aller Versuchswerkstätten im Entwicklungszentrum Weissach.

Offiziell bedeutet in diesem Fall, daß man „seiner Firma" ja durchaus weitere drei Jahre als hochgeschätzter Berater zur Verfügung stehen konnte. Mit solch einer Biographie wird man zwangsläufig zum festen Bestandteil des Mythos' Porsche. Ganz abgesehen davon, daß Herbert Linge jedes noch so winzige Detail und dessen tatsächliche Entstehung kennt. Und einzuordnen weiß. Da sind einmal die Autos. Der 356er, der 911er – immer wieder der 911er –, die Rennwagen und die großen Erfolge: Die Mille-Miglia, die deutschen Rennsportmeisterschaften, die Markenweltmeisterschaften, LeMans und all die anderen Siege, die Linge hautnah miterlebt hat.

Porsche, sagt Linge heute, ist aber vor allem das einmalige Wunder, wie aus einem kleinen Familienbetrieb, dieser „Werkstatt" in Zuffenhausen, wo immer nur das Produkt Gegenstand allen Denkens und Handelns war, eine der großen Marken der Automobilgeschichte werden konnte. „Aber vermutlich war es genau diese kompromißlose Besessenheit, die alles erst ermöglichte", fügt Herbert Linge nachdenklich hinzu, während er eine Zigarre aus dem Kästchen fischt.

93 ■ 1

Einschlägige Erfahrungen als Porsche-Versuchsfahrer und die Begeisterung am Schnellsein prädestinierten Herbert Linge schon früh zum Langstreckenspezialisten. Schön, wenn eine solide Mechanikerausbildung zusätzlich Qualifikation versprach. Vor allem, wenn man von Ferdinand Porsche selbst als Lehrling akzeptiert worden war

Porsche K.G. Stuttgart-Zuffenhausen
Betriebs-Ausweis Nr.
7. Apr. 1943

93 ■ 1

Karl-Friedrich Scheufele

Und schließlich, ganz am Ende des Gesprächs, noch eine allerletzte Frage – ganz im Hinblick auf ein schlüssiges und transparentes Porträt. Also: Wie definieren Sie, sehr geehrter Herr Scheufele, persönlichen Luxus?

Der gepflegte Vierzigjährige unter den beiden Schwarzweißwerbefotos einer Brillanten-geschmückten, wie immer zauberhaften Carla Bruni muß nur kurz überlegen. Dann verrät ein jungenhaftes Lächeln, daß ihm die passende Antwort gefällt. Sie lautet: Zeit.
Für Karl-Friedrich Scheufele, Vize-Präsident von Chopard, einer der erfolgreichsten Firmen überhaupt, wenn es darum geht, durch Luxusartikel Sekundärbedürfnisse mit konkreten Gütern zu erfüllen, ist Zeit der Inbegriff für persönlichen Luxus.
Freie Zeit. Zeit, die Freiräume für die Seele öffnet, Zeit zu sich selbst zu finden, Zeit für die Familie oder für Freunde. Oder Zeit für das Auto. Am besten für einen seiner heißgeliebten Porsche. So verliert Luxus alles Schuldhafte und Überflüssige. Die Belohnung wird zum notwendigen Primärbedürfnis, der Luxusgegenstand im richtigen Moment bewußt gebraucht zum Kristallisationspunkt der Seele. Selbst Carla Bruni wirkt plötzlich noch eine Spur zauberhafter.

Von den Eltern gab es den ersten Wagen. Als Geschenk. Ein Käfer-Cabriolet. Nicht neu aber knallgelb. Schon fast ein Porsche.
Der erste echte folgte nur kurze Zeit später. Das 356er Cabriolet war elfenbeinfarben und gebraucht. Sogar ziemlich gebraucht, wenn man ehrlich war – und wie der katastrophale Zustand leider schon von weitem signalisierte. Aber immerhin vom ersten, selberverdienten Geld finanziert. Und vor allem: Ein PORSCHE! Nur das hat damals gezählt.
Im nachhinein kann man ja zugeben, daß es aufgrund der spezifischen mechanischen Rahmenbedingungen eine äußerst gefährliche Beziehung gewesen sein muß. Die Eltern jedenfalls waren mehr als besorgt. Mit Recht, wie sich herausstellte, als der Wagen schließlich – nach vielen Dienst- oder besser: Spaßjahren – an einen weiteren Sportwagenbegeisterten veräußert wurde. Nach der Fahrzeugübernahme war dieser mit seinem neuen Renner mühelos nach Hause gefahren. Die Hinterachse brach erst, als er in der Garage angekommen war. Selbstverständlich, daß der Neubesitzer sich umgehend meldete. Aber nicht etwa, um verärgert Luft abzulassen, sondern einfach nur informationshalber. Das ist Leidenschaft – und typisch für wahre Porsche-Enthusiasten, wie Scheufele erklärt.

Ebenso typisch: Das logische Ziel jeder konsequent gelebten Porsche-Leidenschaft: Elfer-Fahren. Scheufele hatte es schon mit 28 Jahren erreicht. „Ein Superauto. Kompromißlos. Mit Charakter. Nur Fahrfehler muß man tunlichst vermeiden."
Das erkannte Karl-Friedrich Scheufele spätestens nachdem er sich zu Fuß, leicht zittrig aber unverletzt, aus dem Acker herausgekämpft hatte, in den er – nach einer kurzen Spitze Übermuts – mit seinem 911S gedriftet war. Noch wichtiger als das eigene Allgemeinbefinden: Der Wagen war letztlich fast unversehrt geblieben.

Heute, vier, fünf Elfer später, steht ein 993 Cabriolet in der Garage. Neben dem 356 Speedster aus der frühen A-Serie in feinstem Zustand, der nie wieder verkauft werden darf, wenn es nach dem Willen der Ehefrau geht. Aber das Versprechen ist längst gegeben.

95 ▪ 1
Wenn uns Uhren und Autos jenseits aller alltäglichen Gebrauchsanforderungen begegnen, werden Zeit und zeitlose Eleganz schnell zu gemeinsamen Schnittmengen. Chopard-Vizepräsident Karl-Friedrich Scheufele lebt den souveränen Umgang mit diesen elementaren Axiomen unserer Seele

96 ▪ 1

Fragebogen an einen Porschemenschen – frei nach Marcel Proust und dem honorigen Vorbild des FAZ-Magazins.

Hervé Fontaine

Was ist für Sie das vollkommene Glück als Automensch?
In meinem F1 zu sitzen und das Auto an MEINEM Limit zu bewegen.

Welche Fehler verzeihen Sie einem Wagen am ehesten?
Keine!

Ihr Lieblingsauto für den Alltag?
Mein Mercedes 500E.

...und für die Freizeit?
Irgendein reinrassiges Rennauto auf einer Strecke.

Ihre Lieblingsgestalt in der Automobilgeschichte?
Ferdinand Porsche.

Welche Eigenschaften schätzen Sie an einem Auto am meisten?
Zuverlässigkeit.

Welche Eigenschaften schätzen Sie bei einem Fahrer am meisten?
Vernunft, Aufmerksamkeit und die Fähigkeit zur Antizipation.

Welche Eigenschaften schätzen Sie bei einer Fahrerin am meisten?
Alle Eigenschaften, die ich auch an Männern schätze – zusätzlich eine gewisse Attraktivität.

Ihr Hauptcharakterzug als Fahrer?
Geduld.

Ihr größter Fehler als Fahrer?
Ein Dreher bei einhundertundfünfzig mit dem Ferrari F50 eines Freundes. Ergebnis: Vier Reifen und vier Felgen kaputt.

Ihre Lieblingsbeschäftigung im Umfeld des Automobils?
Porsche CK5, Gruppe C sowie meine beiden Formel1-Renner.

Wer oder was hätten Sie in der Autowelt sein mögen?
Gerhard Mitter bei einem Bergrennen.

Welche automobile Erfindung bewundern Sie am meisten?
Alle Extras, die der passiven Sicherheit dienen.

Welche automobile Erfindung verabscheuen Sie am meisten?
Die starre Hinterachse.

Das beste Road-Movie?
LeMans mit Steve McQueen.

Welches Rennen würden Sie gerne einmal gewinnen?
LeMans.

...und an welchem würden Sie nie teilnehmen?
Ich würde nie bei einer Rallye starten. Aus lauter Angst.

Ihre Lieblingsfarbe für ein Alltagsauto?
Silbermetallic

...und die Ihres Traumautos?
Schwarz.

Ihr Lieblingsdesigner?
Pininfarina.

Ihr Lieblingsheld in der Automobilgeschichte?
Ayrton Senna.

Ihr Vorbild als Automensch?
Ferdinand Porsche.

Ihr automobiles Motto?
Langsam rein, schnell raus!

96▪1
Hervé Fontaine verkauft für die angesehene US-Firma Harry Winston Juwelen und Diamanten. In seiner freien Zeit kultiviert der beruflich erfolgreiche Mittvierziger ein Extremhobby: Rennwagenfahren. Dafür mietet er sich sogar vier- bis fünfmal pro Jahr die Strecke von Le Castellet – möglichst für sich alleine

MARTINI
14
DUNLOP
BOSCH
Shell

Ein offener Job in Afrika

von Herbert Völker

911 SC

DIES IST EINE GESCHICHTE vom Nicht-Gewinnen, und sie hat ungefähr siebzehn Anfänge und einen kurzen Schluß.

Ein gutes Beispiel für einen frühen Anfang sind die Taita Hills: Vier Millionen Jahre vor der Erfindung des Rades. Seit damals springen sie ansatzlos aus der flirrenden Ebene der Savanne, also mit jener Art von Überraschung, die wir den Kilimandscharo-Effekt nennen. (Der läßt sich 200 km nordwestlich anhand seines Prototyps überprüfen). Für die Safari-Rallye waren die Taitas seit jeher die Berge des Bösen. Man sieht sie von weitem und spürt nichts Gutes dabei. Sie türmen sich hoch, als hätte der Teufel eine Festung gebaut. Sie schürfen die Wolken auf und kriegen fünfmal soviel Regen wie die Ebene nebenan. Dadurch haben sie ein eigenes Klima, eigene Pflanzen und eigene Tiere und einen eigenen Stamm von Menschen mit einer Sprache, die Taita heißt.

Rallyeautos werden auf ihrer Südschleife von den Taita Hills geschluckt und nach, sagen wir, drei Stunden auf der anderen Seite wieder ausgespuckt. Und zwar dann, wenn einer Glück hat.

Ein anderer Anfang unserer Geschichte:

„Die Unerbittlichkeit lag in der Intensität des Schneefalls, der speziell das Fortkommen der schwächeren Wagen erschwerte, die Sicht auf wenige Meter beschränkte und die ermüdeten Augen der seit mehr als zwei Tagen befindlichen Fahrer noch röter machte, sie zur völligen Erschöpfung trieb." Dies ist zeitgenössische Prosa zur Rallye Monte Carlo 1965, als es soviel schneite wie nie wieder in den folgenden 33 Jahren (zumindest). Ausgerechnet zu diesem Anlaß hatte Eugen Böhringer einen Porsche 904 ausgefaßt, ein Rennfahrzeug, das eher nur alibi-mäßig auch für die öffentliche Straße getrimmt war.

Von 237 gestarteten Wagen kamen nur 24 überhaupt ins Ziel, so arg war das Desaster, aber das schöne Kunststoff-Biest war dabei. Mehr noch: Es wurde bloß vom unvergleichlichen Timo Mäkinen geschlagen, und der fuhr einen Mini Cooper (hey Freunde, könnt ihr euch das noch ausmalen, wie das gewesen sein muß, der Mini Cooper mit dem falkenhaften Timo Mäkinen, und der Porsche mit dem dicken Eugen, rundherum schneit's wie die Sau, daß du nicht mal weißt, ob du rauf oder runter fährst, und wie sie ihre Kisten an den Schneemauern schmirgeln und dabei unheilige Sprüche ausstoßen, der eine auf finnisch, der andere auf schwäbisch, und dann müßt ihr euch noch vorstellen, daß dahinter ein Saab 96 durch die Schneewüste tschundert, drin hockt die junge Pat Moss, die Schwester des Stirling, und gibt Gas wie eine verwundete Löwin, ihre Beifahrerin ist die blonde Liz Nyström, über die sich unser zeitgenössischer Berichterstatter gar nicht fassen kann: so „blutjung, bildhübsch und unglaublich zart", jetzt also noch einmal: Timo im Cooper, Eugen im Neunvierer, Pat und die unglaublich zarte Liz im Saab, und sie fegen im Blindflug durch die Nacht, ist das nicht zum Weinen schön?).

Angeblich war Huschke von Hanstein, der damals als Porsche-Rennleiter eine gute Figur abgab, wie immer, also angeblich war Huschke gar nicht *amused* über den zweiten Platz, und damit haben wir einen weiteren möglichen Beginn unserer Geschichte: Mangelnde Demut.

98 ▪ 1
Manchmal fragt sich der Betrachter, was hat sich dieser wunderbare Fotograf dabei gedacht? Aus dem Umkreis des Peter Vann sickert durch: Hier wird die Spannung zwischen Realität und Fiktion aufgebaut, und zwar, Auto ist wirklich, die Wüste ist gemalt, Schottland ist real, und wie und wo ist der Fotograf?

Wesentliche Männer der Porsche-Welt hielten Rallyes für die brustschwachen Brüder des Rennsports, und wer Rennen gewinnen konnte, der hatte die Rallyes allemal im Sack. Diese Art von Hochmut legte selbst Ferdinand Piëch, (der jetzt mit dem Porsche 906 die Szene betreten würde, wenn dies hier das Thema wäre), erst 15 Jahre später ab, dann längst bei Audi.

Noch ein Anfang: In jenem schneeverwehten Jahr 1965 fuhr auch der erste Werks-Neunelfer, er war außen grün und innen bestückt mit Obermeister Herbert Linge und Ingenieur Peter Falk, beide aus dem Porsche-Versuch. Sie sollten eigentlich nur rausfinden, wie sich das neue Ding so fährt und ob es irgendwelche Mucken hat. Linge sagte ungefähr, das Heck will manchmal nach vor, dann muß man's halt einfangen, und fuhr im übrigen auf den fünften Platz des Klassements. Das war zwar recht nett, aber in Huschkes Augen kein ausreichendes Argument gegen die Regel, daß sich Motorsport vornehmlich auf Rennstrecken abspielt.

Die Geschichte hat auch einen schwedischen Beginn: Am 12. November 1943 wurde in dem Dörfchen Rolshagen ein herziger Junge geboren, der den Namen Björn kriegte. Mit sieben durfte er auf dem Bauernhof mit einem Saab herumfahren, so kriegte er ein Gefühl für Geräte. Als er dazu noch den Führerschein bekam, war zufällig auch die Hochblüte des schwedischen Rallyesports angebrochen: Erik Carlsson war ein bewegliches Denkmal, die Werkteams von Saab und Volvo bestimmten den *State of Art*, und der junge Herr Källström geisterte mit einem Käfer derart leise durch die Wälder, daß man von der flüsternden Revolution sprach. Es war die Erfindung des Im-höheren-Gang-Fahrens. Lieber Schwung-Ausnützen statt Bremsen und Schalten, das leuchtete der Jugend der Welt ein. In diesem gesunden Ambiente lernte Björn Waldegård sein Handwerkszeug.

100 ▪ 1

100 ▪ 1
1978 gab es zwar weder eine Rallyeabteilung noch einen Werksfahrer, aber aus dem Drehmoment aller Beteiligten und den Erfahrungen aus früheren Einsätzen entstand ein Werksauto, vom Konzept bis zum letzten Detail, als hätte es nie die kleinste Unterbrechung im Rallyebetrieb gegeben

101 ▪ 1
„Er sah sehr tapfer aus in seiner Hochbeinigkeit und den Martini-Farben. Es war wahrscheinlich das liebevollste Stück Maschinerie, das je in die Sintflut gejagt wurde"

101 ▪ 1

102 ■ 1

102 ■ 2

102 ■ 3

103 ▪ 1

104 ▪ 1

104 ▪ 2

Es waren wohl die Importeure und Privatfahrer, die in Zuffenhausen derartig lästig wurden, daß sich ein Umschwung in der Sportpolitik der halbherzigen Zufälligkeiten ergab. Ab 1968 ließ Porsche ein Rallye-Werksteam rennen, zuerst noch mit Huschke von Hanstein, ab 1969 mit Rico Steinemann als Chef.

Diese Truppe, schlank und voller Drehmoment wie ihre Fahrzeuge, fegte ansatzlos alle bisherigen Meßlatten des Rallyesports weg. Es war die denkbar günstigste Zeit für diesen Kraftakt: Durch die Werkteams von Ford, Lancia, Alpine, Porsche und Saab war quasi ganz Europa ins Geschehen eingebunden, und eine Kult-Epoche von emotionalem Motorsport, auch von ganz besonderer Ästhetik, konnte sich entwickeln. Das, was wir die Direkteinspritzung technischen Intellekts nennen wollen, war bei Porsche mittlerweile evolutionsmäßig so hoch entwickelt, daß es auch gar keine Anpassungsschwierigkeiten ans neue Element gab: Auto muß

104 ▪ 1/2
*Steifigkeit und Schutz der Crew sind alles bei der Safari, dennoch kam man mit vergleichsweise wenigen sichtbaren Zusatz-Elementen aus.
Das Bollwerk findet eher im Innenleben statt*

102 ▪ 1-3/103 ▪ 1
Der technische Intellekt der gesamten Safari-Erfahrungen wurde hübsch integriert ins fließende Wesen des Martini-Artworks, das dem 911 SC samt schlichtem Bürzel auch eine ästhetische Sonderrolle in der Rallyemode jener Jahre gab

106 ▪ 1
Björn Waldegård hatte sich seit den späten sechziger Jahren als Archetyp des Porsche-Rallyefahrers herausgestellt und war dementsprechend die Zentralperson des Safari-Einsatzes von 1978

106 ▪ 2
Jürgen Barth und Roland Kußmaul vom Typ der geländegängigen Spezialisten für alles: Mit der richtigen Idee zum rechten Zeitpunkt an der passenden Stelle

schnell sein, Auto muß durchkommen, am Col du Turini wie auf der Rennstrecke.

Als dieser süße Fiebertraum vorüber war, hatte Porsche dreimal *en suite* die Rallye Monte Carlo gewonnen und daneben das meiste von dem, was als wichtig erachtet wurde, inklusive des Marken-WM-Titels. Und von einem halben Dutzend Fahrer, die allesamt dieses Furioso getragen hatte, ragte einer heraus, den sie noch heißer liebten als alle anderen: Björn Waldegård. Er war die Quintessenz der verbindenden Geisteshaltung, die Personalunion von Traktion und Antrieb ohne unnötige Bauteile.

Damit die Bäume nicht in den Himmel wachsen, hatte der Herr, in welcher Verkleidung auch immer, den Typ 914/6 erschaffen und sogar zur Rallye Monte Carlo 1971 geschickt. Das ging natürlich schief, und der Bruch hätte dramatischer gar nicht sein können: Statt über viele Jahre hinweg das himmelstürmende Wesen des Neunelfers zu nutzen und ihn (dann als Carrera) zum weitaus erfolgreichsten Rallyeauto der Sportgeschichte zu machen, versandete das Porsche-Engagement in Sparprogramm und Ratlosigkeit. Man konnte offiziell ja immerhin sagen. „Wir haben doch schon alles gewonnen. Was sollen wir noch?“

Die Safari, Freunde, nur die Safari.

Die Legende lautete: Dies ist die härteste Prüfung für Automobile, und nur die Demütigen können gewinnen. Da sagten die in Zuffenhausen ungefähr: „Oho“, und stellten die stolzesten Autos auf die Räder, die je den Äquator querten. Das war 1971, und alles war grundsätzlich richtig. Waldegård lag schon mit einer halben Stunde in Führung, aber irgendwie dürfte die Sache mit der Demut nicht bis zum inneren Kern vorgedrungen sein. Im dichten Staub des zu Überholenden gab es eine Kollision, und zwar nicht zwischen Porsche und Fremdfabrikat, sondern zwischen Porsche und Porsche. Tiefer Schmerz. Es siegte ein Datsun 240 Z. Noch tieferer Schmerz. In jenen Jahren endete die Knautschzone der Porsche-Fröhlichkeit noch sehr abrupt an japanischer Hardware.

Die Rallyeabteilung entmaterialisierte sich, wenn man das so sagen kann, in den folgenden Monaten und Jahren. Kein einziger Fahrer wurde vertraglich gehalten. Ersatzweise hatte der Gedanke an eine Rallyeabteilung den Namen Jürgen Barth. Durch seine Verbindung mit dem Kundensport konnte er immerhin laufend referieren, wie geil die besten oder bestgesponserten Fahrer darauf waren, auf Porsche bei Rallyes zu starten, außerdem konnte er fallweise eine unerledigte Sache in Erinnerung bringen.

„Da wäre noch die Sache mit der Safari.“

1973 gab’s wieder grünes Licht, aber es fehlten Vorlauf und, vielleicht wieder einmal, Demut (gewiß indes nicht bei Barth und den Fahrern). Es gab keinen einzigen ernsthaften Test, nur geringe Safari-relevante Modifikationen, und es folgte ein Desaster im Getriebe- und Stoßdämpfer-Department. Als wieder ein Japaner siegte, enstand eine Art von Zuffenhausener Gemütszustand, den wir konstruktive Verbissenheit nennen wollen: So kann’s ja wohl auch nicht gehen.

Daher kehrte man im nächsten Jahr wieder, nun wirklich mit Top-Autos und motivierter Truppe. Waldegård lag ungefähr ein Lichtjahr vorn, und vier Fünftel der Rallye waren gelaufen, da brach ein Hinterachslenker. Jürgen Barth war zwar zur Stelle und konnte reparieren, aber es reichte halt nicht. Der zweite Platz wurde in Stuttgart sehr verhärmt entgegengenommen, umso mehr, als es eine neue japanische Siegermarke gab, die sie nicht einmal buchstabieren konnten, ehrlich gesagt, ein Alptraum.

Damit wäre die Sache eigentlich erledigt gewesen, wenn es da nicht eine Art Gewissenswurm gegeben hätte. Mittlerweile griff ja sogar ein Hersteller von bekannt schweren Luxuslimousinen aus dem Stuttgarter Raum nach Safari-Lorbeer, und da sollten sich just die *Masters of the Universe* nachsagen lassen, daß es noch immer einen offenen Job in Afrika gab?

106■1

106■2

Wir schreiben mittlerweile 1978. Wie zum Hohn gewann Jean-Pierre Nicolas auf einem Carrera der Almeras-Brüder die Rallye Monte Carlo, quasi aus dem Stand, so überlegen war der Elfer in normalen Rallyes. Was hätte man da alles an Siegen absahnen können quer über die Jahre! Für die Safari hatte es allerdings weniger zu bedeuten.

Porsche hatte zwar keine Rallyeabteilung mehr, aber zwei Kerle wie ein ganzes Department. Jürgen Barth und Roland Kußmaul machten Strategie, Logistik, stellten die Kohle auf, sangen beim Vorstand vor, fuhren Tests, machten Service-Pläne (für die gleichermaßen motivierten Mechaniker, alle vom gleichen Schlag), und schließlich hockten sie in einem SC und nagelten sechstausend Kilometer im Tempo der Rallye, und es gab keine Schraube am Auto, die ihnen fremd war.

Für alle Beteiligten war die Aktion nur vorstellbar gewesen, wenn man dafür Björn Waldegård bekam. Bei Porsche war er seit sieben Jahren heimatlos, bis auf die Gastauftritte der Zwischen-Safaris, und hatte mittlerweile alle Härten des Legionärs-Daseins durchgemacht, bei Citroën und BMW, Fiat und Toyota, bei Lancia und Ford, er hatte auf Stratos den großen Munari geschnupft und auf Escort schon mal vorweg die Safari gewonnen. Trotzdem: Waldegård war Porsche.

Also sprach man bei Ford vor, und sie gaben Björn und den trefflichen Hans Thorszelius frei für die Safari 1978. Als Fahrer Nummer zwei engagierte man den jungen Vic Preston, der mit seiner lokalen Logistik auch zum Netzwerk beitrug. Der Porsche SC hatte die Dreilitermaschine mit 250 PS, sah sehr tapfer aus in seiner Hochbeinigkeit und den Martini-Farben. Es war wahrscheinlich das liebevollste Stück Maschinerie, das je in die Sintflut gejagt wurde.

Denn Sintflut war's. An den Flußüberquerungen weinten die Mercedes mit gurgelnden Motoren, Heckmotoren schwimmen besser, wissen wir aus der Physikstunde. Ein Geier klopfte an die Björn'sche Windschutzscheibe, Barth und Kußmaul waren zu erster Hilfe parat, Björn stürmte davon.

Waldegård hatte 46 Minuten Vorsprung auf den Rest des Feldes, sofern das nicht schon ertrunken oder demoliert war, als er von Mackinnon Road den Pfad zu den Taita Hills nahm. Sie türmen sich hoch, haben wir gelesen, als hätte der Teufel eine Festung gebaut, und auch die schnellste Service-Kavallerie kann nur außenrum fahren und drüben warten.

Björn, oh Björn: Da schleppte er sich daher auf drei Rädern. Gebrochene Hinterachsschwinge. Zum ersten Mal Alu bei der Safari, man entwickelt sich ja weiter. Dabei hatten sie die Schwinge mit Glasfaser beschichtet, um sie vor den kleinen Verletzungen zu schützen, die dann gern zu Folgeschäden führen. Beim Wechsel von einer felsigen Spur in die andere, Affenzahn sowieso, war's trotzdem passiert: „Kerbschlag-Empfindlichkeit" stand dann im Bericht an die Lieben daheim.

Barth und Kußmaul wechselten die Schwinge am Rand der Taita Hills, und Björn stach wie der Teufel in den Norden hinauf, stürmte nach Suswa, fuhr bei Naivasha in die letzte Nacht hinein, umrundete den See, gewann das Mau-Gebirge, hetzte in den menschenleeren Norden, kam bei Archers Post in besiedeltes Land, umrundete den Mount Kenya und meldete sich zurück in Nairobi. Aber es war zu spät.

Wir kommen wieder, sagten die Porsche-Leute, doch das stimmte nicht. Später bauten sie dann einen Elfer, der noch viel länger viel schneller fahren konnte, dem trieben sie auch die Kerbschlag-Verzärtelung aus, und damit gewann sie Paris – Dakar, und dann noch einmal mit dem 959er, sodaß ja letztlich alles bewiesen wurde, was zu beweisen war, aber es war halt doch eine andere Geschichte.

Kapitel 5

Monoposti

1957 begann die Geschichte der Renn-Einsitzer mit einem verkleideten Nebensitz im Spyder RS. Zwei Jahre später startete der erste Porsche-Formel-2 in Monaco, um bereits nach zwei Runden zu zerschellen. Doch 1960 war Erntejahr: Sieg in der Marken-WM.

Die Zeit der Nachkriegs-Geniestreiche war nun endgültig vorbei – die Formel 1 der 1 500 ccm Hubraum verlangte nun nach HiTech, hohen Literleistungen und Drehzahlen im 10 000-Touren-Bereich. Der neue Achtzylinder schlug sich mit Anstand, doch gerade die technische Entfremdung vom Serienfahrzeug war es letztlich auch, die Porsche wieder zum Rückzug bewegte. Bis man 1983 in die zweite Formel-1-Ära tauchte: Als Konstrukteur des erfolgreichsten deutschen Formel-1-Motors, des TAG-Turbo, der sich zum technischen Maßstab des Turbo-Zeitalters hochkatapultierte.

804
Der Motor überlebte das Auto um sechs Saisonen

Tag-Turbo
Der technische Maßstab seiner Generation

Cisitalia
Er war seiner Zeit weit voraus – doch die wußte nichts davon

Formel 2
Moss, Bonnier, Hill lenkten den Typ 718 zum Sieg in der Marken-WM

Cisitalia

Ohne Start und ohne Sieg
Der Abenteuerlichste aller Grand Prix-Wagen war seiner Zeit weit voraus – doch die wusste nichts davon

von David Staretz

CIS 360

108 ▪ 1
Diese Frontpartie hätte eine der berühmtesten der Automobilgeschichte werden sollen – aber eine Verkettung von Umständen machte den Wagen zur größten Porsche-Rarität der Geschichte

MEINES VATERS BERÜHMTE CIS liegen in Ketten, die *rasenden Raubtiere*, wie man sie nannte, werden aber bald wieder brüllen ...Meine Mutter – übrigens eine der schönsten Frauen von Turin – hat ihr herrliches Palais verkauft, um die Gläubiger meines Vaters wenigstens teilweise zu befriedigen ...Ich komme gerade von Verhandlungen mit unseren vielen guten Freunden ...Cisitalia wird seinen Weltruhm wieder erobern, der Wagen mit den schnellsten Zeiten wird vom Konkurrenten Mammon nicht geschlagen werden und sich den Lorbeer des Sieges wieder holen.“

Man ahnt, man spürt die verzweifelte Leere dieser Worte – Zitate aus einem Interview, das der Journalist Pitt Schultes in den fünfziger Jahren mit Carletto, dem Sohn des Großindustriellen und Sportsmannes Piero Dusio, geführt hat.

Dieses Gespräch stand am Ende einer langen und erfolgverheißenden Geschichte, die von Porsches unglücklichstem, aus heutiger Sicht aber wertvollstem Grand Prix-Wagen handelt, dem Typ 360.

Im Umfeld seiner potentiellen Gegner der Nachkriegszeit (Mercedes, Ferrari, Maserati, die Alfas!) markierte er den Höchststand der Rennwagenentwicklung, obwohl er völlig unverkrampft dem schlanken Stil des Hauses verpflichtet war, ein cleveres Porsche-Konstrukt durch und durch:

Mit tief im Rahmen versenktem Zwölfzylinder-Boxermotor in Mittelanordnung. (Die Konkurrenz fuhr noch mit vorneliegenden Aggregaten.)

Mit Vierradantrieb, wobei die Vorderräder während der Fahrt zu- oder abgeschaltet werden konnten.

Mit einem synchronisierten Fünfganggetriebe, das über lediglich zwei Schaltebenen bedient wurde, ähnlich einer Motorradschaltung.

Mit vier einzeln aufgehängten Rädern, vorne an die Doppelkurbellenker-Achse der Auto Union-Rennwagen (Konstruktion Porsche!) angelehnt, hinten dem damaligen Doppelschwingachs-Prinzip der frühen Volkswagen folgend.

Mit Aluminium-Karosserie über Chrom-Molybdän-Rahmen und einem Gewicht von lediglich 630 kg.

Im Idealfall hätte man ein Leistungsgewicht von 1,4 kg/PS ausschöpfen können – also unter der Voraussetzung, daß der Motor in seiner Bestform die errechneten 450 PS bei 10 500 Touren abgegeben hätte. Nicht vergessen: Damals herrschte 1,5-Liter-Hubraumbeschränkung, allerdings war mechanische Aufladung erlaubt (Porsche operierte mit Roots- oder Centrikladern bei Drücken von circa 1,8 bar). Die Kraftstofffrage wurde noch liberal behandelt, weshalb man gleich einmal ein Renngemisch mit 150 Oktan voraussetzte.

Daß die Leistungsangaben, theoretisch, praktisch, prüfstandgebremst oder idealisiert, weit auseinanderklafften, liegt in der Natur der Sache und zeigt, in welch weitem Feld man sich bewegte. 280 PS, 363 PS, 385 PS, 450 PS mit Option auf 500 – egal. Der Wagen konnte seine Fähigkeiten nie wirklich unter Beweis stellen.

Seine lange, unerfüllte Geschichte hatte damit begonnen, daß der Unternehmer Piero Dusio aus Turin mit seiner Marke Cisitalia respektable Sporterfolge erzielt hatte.

110/111
Melancholische Bilder aus der Normandie, irgendwie passend zur Anmutung eines gestrandeten Wals. Bei einer Probefahrt in Buenos Aires war die Heckfinne davongeflogen, was man sich ganz gut vorstellen kann. Inzwischen, als Museumsstück, befindet sich der Wagen im besten Zustand seiner gesamten Laufbahn – nur ein paar Jahrzehnte zu spät

Der kleine CIS mit Fiat-1 100-Motor, eine Art Formel-Junior-Rennwagen der Nachkriegszeit, wurde von Leuten wie Nuvolari, Taruffi, Stuck und vor allem Bonetto erfolgreich gefahren.

Cisitalias Aufstieg in die Grand Prix-Liga erschien wie eine logische Entwicklung.

Die Annäherung an das Konstruktionsbüro Porsche ergab sich über eine Ingenieur-Seilschaft der beiden Österreicher Rudolf Hruschka (der spätere Alfasud-Entwickler) und Carlo Abarth. Später stieß auch Eberan von Eberhorst, der Mann mit Auto Union-GP-Erfahrung, dazu (der allerdings später mit Carlo Abarth über Kreuz kommen sollte). Nuvolari und Millanta, ein italienischer Motorjournalist, stellten wichtige Kontakte her, nur die Nummer eins, Ferdinand Porsche, befand sich noch unerreichbar in französischer Haft.

Am 20. Dezember 1946 fand in Kitzbühel das Treffen der Dusio- mit den Porsche-Leuten statt. Die waren: Ferry (der Sohn von Ferdinand), Ferdinands Schwester, Louise Piëch, und Chefkonstrukteur Karl Rabe.

Unter anderen, ferneren Projekten wurde vereinbart, Pläne für einen erstklassigen GP-Rennwagen auszuarbeiten und den Bau des Wagens in den Turiner Cisitalia-Werken zu bewerkstelligen.

Das Ingenieur-Team Porsche, Schmid (Getriebe), Komenda (Karosserie) und Mickl (Berechnungen) stand unter der Projektleitung von Karl Rabe.

Als der 72jährige Ferdinand Porsche aus der französischen Internierung nach Gmünd heimkehrte, lobte er die fertigen Pläne: „Ich hätte keine Schraube anders gemacht“.

Allerdings ergaben sich ungeahnte Probleme bei der Realisierung des Projektes in Turin.

112▪1

112▪2

112▪1/113▪1
Zusammen mit dem tief eingebetteten Motor bildete der Fahrer eine ideale Schwerpunkteinheit. Deutlich sind die großen gerippten Kompressorgehäuse zu erkennen und hinter dem Motor das langgestreckte, ebenfalls kühlgerippte Fünfganggetriebe

112▪2
Im rechten Rahmenausleger wurden wir fündig: CIS-001, die Nummer, die der argentinische Zoll nicht sehen durfte

113 ■ 1

114 ▪ 1

114 ▪ 2

114 ▪ 1
Wie ein gestrandeter Bewohner mythischer Tiefen ruht der Cisitalia an der Küste der Normandie

114 ▪ 2
Ein Blick ins Cockpit zeigt die kompromißlose Technik, und wie dicht sie an den Fahrer heranwächst

115 ▪ 1
Eine zärtliche Melancholie umfängt den Wagen. Sein monströser Klang ist der Welt abhandengekommen

115•1

116 ▪ 1

116 ▪ 2

Übersetzungsschwierigkeiten, offene Detailfragen, eine besonders hohe Fertigungstiefe und die ersten finanziellen Einschränkungen zogen das Projekt in die Länge.

Gegen Ende 1948 war Cisitalia finanziell am Ende, Dusio hielt jedoch an diesem Projekt eisern fest und es gelang, einen von zwei Wagen halbwegs fertigzustellen. (Exemplar Nummer zwei bestand praktisch nur aus Kisten voller Ersatzteile). Kontakte Dusios mit General Peron eröffneten die Hoffnung einer fortführenden Entwicklung des Autos in Argentinien, jedoch versandete die Sache völlig, sobald der Wagen in Buenos Aires stand. Die Lebensader zu den Konstrukteuren war gekappt, der Typ 360 drohte in Vergessenheit zu geraten, wurde dann aber Opfer einiger unglücklicher Wiederbelebungsversuche.

Das Grand Prix-Reglement verbot ab 1952 den Einsatz von Kompressormotoren, also wollte man den argentinischen Motorsport-Ruhm wenigstens mit Erstellung eines neuen südamerikanischen Geschwindigkeitsrekordes wahren. Der GP-Pilot Clemar Bucci war dazu ausersehen, den Wagen über die gesperrte Flughafenautobahn zu jagen, aber der Motor erreichte mangels geeigneter Temperaturen, geeigneter Kerzen, geeigneten Kraftstoffs nie seine Grundform und brachte den Wagen nur auf ein enttäuschendes Mittel von 233 km/h. (Für den Rekord war das schnell genug.)

Der Versuch wurde übrigens mit Hinterradantrieb gefahren – in Ermangelung der passenden Vorderreifendimension konnte die richtige Übersetzung nicht hergestellt werden.

Nach eingehender Betreuung durch die Technische Hochschule von Buenos Aires hatte man soviel Vertrauen gefaßt, daß man den Wagen 1953 zu einem formelfreien Rennen im Autodrom von Buenos Aires anmeldete.

Bei der ersten Proberunde zeigte sich, daß Bucci nicht mit der Getriebeschaltung zurechtkam. Felice Bonetto, der alte Alfa-, Maserati- und Lancia-Haudegen, fuhr die nächste Runde, kehrte aber an der Spitze einer Rauchfahne zurück:

116 ▪ 1
Das Cockpit gibt einen Blick auf die nackte Chrom-Molybdän-Rahmenkonstruktion frei. Neben dem Sitz ist deutlich der Schalthebel zu erkennen, der (schon aus Platzgründen gut beraten) im Sinne einer Motorradschaltung arbeitete

116 ▪ 2
Die hydraulischen Vierradbremsen verfolgten das Porsche-Prinzip hervorragender Verzögerungswerte. Pro Trommel waren vier Bremssegmente untergebracht, Lufttrichter sorgten für Fahrtwindkühlung. Auch die Handbremse funktionierte über die Hydraulik

dramatische Ölaustritte, wahrscheinlich ein Leitungsbruch. Der Wagen wurde vom Training abgezogen.

Zurück auf den Prüfstand. Dort, unter klinischen Bedingungen, erreichte der Motor in einer glücklichen Minute 385 PS bei 9 000 Touren. Allerdings brannten, vielleicht aufgrund zu mageren Gemischs, ein bis zwei Kolben durch. Der hochkomplizierte Motor wurde zerlegt, mit Reservekolben ausgestattet, zusammengebaut und wieder zerlegt, als man fand, daß ein paar Kleinteile übriggeblieben waren. Davon erholte sich die Maschine nie wieder ganz, brannte bei späteren Versuchen wieder durch, schließlich wurde der Wagen aufgebockt und zum Verkauf angeboten.

Es fand sich ein unternehmungslustiger Amerikaner, der dem Wagen gern eine Chevrolet-Maschine verpaßt hätte, um damit an Dragster-Rennen teilzunehmen.

Der hatte die Sache aber auch unterschätzt und verlor soweit das Interesse, daß es dem gewitzten Ungarn Anton von Döry, der in Buenos Aires eine Porsche- und NSU-Vertretung besaß, gelingen konnte, den Wagen, als Porsche RSK verzollt, nach Deutschland zurückzuholen. (Eine eigene Geschichte, in der ein überschwemmtes Bootshaus, ein rettender Unimog und andere nächtliche Aktionen vorkommen.) Seither steht der abenteuerlichste GP-Wagen aller Zeiten im Porsche-Museum Stuttgart.

Später tauchte auch das zweite Exemplar in einer Garage bei Turin auf und wurde im Auftrag eines amerikanischen Sammlers restauriert, also: erstmals aufgebaut. Dies gelang mit Hilfe der mikroverfilmten Originalpläne. Der Motor war allerdings als fertige Einheit vorhanden.

Nach dem Tod des Amerikaners erwarb ein englischer Rennwagenbesitzer das Exemplar, das heute in der Donington Grand Prix Collection zu sehen ist. Allerdings mit ausgebauter Kurbelwelle, der berühmten Hirth-Konstruktion mit den sieben Rollenlagern.

Noch ein paar Daten zum Abschmecken: Der Motor wog 145 kg, die Trockensumpfschmierung (zwei Saugpumpen, eine Druckpumpe) hatte 25 Liter zu bewältigen. Die beiden obenliegenden Nockenwellenpaare wurden per Königswelle betrieben. Zwei Weber-Fallstromvergaser sorgten für das Gemisch, das 9,2:1 verdichtet wurde. Das maximale Drehmoment, 270 Nm, lief bei 6 000 Touren auf, die 450 PS Höchstleistung bei 10 500 Touren.

Und zuletzt, zum Mitzählen, die Zündfolge: 1, 10, 5, 7, 3, 11, 6, 9, 2, 12, 4, 8. Alle da?

Grand Prix-Sieg mit acht Zylindern oder: Das ewige Leben eines Motors

von Helmut Zwickl

804

BEIM „FESTIVAL OF SPEED“ IN GOODWOOD durfte ich jenen Porsche-Formel 1-Rennwagen fahren, mit dem Dan Gurney 1962 den Grand Prix von Frankreich gewonnen hat.

Es ist ein Ritt auf dem Benzintank, der sich, kunstvoll verlötet, wie eine Schwimmweste um deinen Körper schmiegt. Die Weste, eine dünne Aluhaut, ist mit 145 Liter Sprit aufgeblasen, wenn Haupt-und Zusatztank voll sind. Der Rohrrahmen erinnert an einen Vogelkäfig. Die Batterie ist neben deinem Kupplungsfuß angeflanscht.

Wo Dan Gurney mit seinem ganzen Oberkörper gegen den Fahrtwind anströmte, lag ich tief im Käfig, und wenn ich mir die Fotos mit Gurney im Cockpit ansehe, so waren die Größe und die Schwere des Fahrers damals offenbar noch kein Kriterium. Im Unterschied zu heute, wo der Computer für manche Rennpisten ausspuckt, daß für je zehn Kilo Gewicht vier vergeudete Zehntelsekunden einzusetzen sind.

Der durch Weber-Vergaser beatmete Achtzylinder haut erst ab 6 000 Touren so richtig in die Tasten, darunter röchelt er asthmatisch und kraftlos, und erst zwischen 6 000 und 8 000 Touren tritt dieses Aggregat zu einer Kraftspritze an, die tatsächlich so überraschend kommt, wie wenn Zahnpasta aus der Tube spritzt.

Ich habe diesen alarmierenden Spritzer auf der einzigen kurzen Geraden im Park des Lord March genossen, die nichts anderes ist, als ein schmaler, asphaltierter Waldweg, der von Büschen und Bäumen zu einem grünen Tunnel zugewachsen ist und ein Stück alten Nürburgring simuliert, wo ein Dan Gurney mit diesem Auto 8:47,2 fuhr, die *Pole* beim Grossen Preis von Deutschland 1962.

Mit diesem Rennwagen im Grenzbereich zu fahren, mag für das heutige Sicherheitsdenken, das im Laufe der Jahre von den Errungenschaften der Technik und vom Willen zum Überleben geprägt wurde, unvorstellbar sein.

Das markante an diesem Typ 804 war, daß der Rennwagen als solcher nur diese eine Saison 1962 zum Einsatz kam, sein Achtzylinder-Boxermotor hingegen hatte das ewige Leben gepachtet. Er wurde bis zum Jahr 1968 ausgemolken, wo er mit zwei Litern Hubraum in Bergrennen 272 PS leistete und sogar bis 2,2 Liter aufgebohrt wurde.

Das Wettrüsten im Rennsport war damals noch nicht so hektisch wie heute, wo man zweimal pro Saison die Formel 1-Triebwerke verschrottet, weil sie jeweils von einer Neukonstruktion entsorgt werden.

Im Spätsommer 1960 bekamen Dr. Hans Hönick und Dipl. Ing. Hans Mezger grünes Licht für einen Achtzylinder, denn es war absehbar, daß in der ab 1961 gültigen 1,5-Liter-Formel 1 die Leistung auf 210 bis 220 PS ansteigen würde und Drehzahlen von 10 000/min anzustreben waren.

Wie der Vierzylinder bekam auch der Achter zwei obenliegende Nockenwellen für jede Zylinderreihe, und der Nockenwellenantrieb über Königswellen wurde ebenfalls übernommen. Die Kurbelwelle wurde neunfach gelagert, die Ventile über Schlepphebel betätigt. Die Kühlluft lieferte ein horizontal über dem Kurbelgehäuse liegendes Axialgebläse, das von der oberen Zwischenwelle über ein Kegelradpaar angetrieben wurde. Bei einer Motordrehzahl von 10 000/min förderte das mit 9 200/min laufende Gebläse 1 400 Liter pro Sekunde,

119 ▪ 1

1961 war das Premierenjahr für Porsches Achtzylinder-Grand Prix-Rennwagen, der bereits in dieser Saison zweite Plätze in Reims, in Italien und in den USA verbuchen konnte

119 • 1

Monoposti

Typ 804 Formel 1-Rennwagen

120 ▪ 1
Der Platz im Cockpit kommt dem Ritt auf dem Benzintank gleich, der sich, kunstvoll verlötet, wie eine Schwimmweste um den Fahrer schmiegt

121 ▪ 1
Vier obenliegende Nockenwellen, über Königswellen angetrieben, steuern den Achtzylinder-Boxermotor über jeweils zwei Ventile pro Zylinder

121 ▪ 1

122 ■ 2

122 ■ 1

122 ■ 2

Das Datum des ersten Grand Prix-Erfolges für den 804 fällt auf den Juli 1962: Dan Gurney gewinnt den Großen Preis von Frankreich in Rouen mit einer Runde Vorsprung auf den Südafrikaner Tony Maggs auf Cooper

122 ■ 1

Dan Gurney, mit dessen Namen sich die meisten Erfolge des Porsche 804 verbinden, urteilte über die Leistungscharakteristik des Motors so: „Es fehlte im mittleren Bereich an Power, daher war auch ein Sechsgang-Getriebe notwendig, um den Motor auf Drehzahl zu halten“

was wiederum neun PS an Leistung kostete. Das Kurbelgehäuse war aus Elektronguß.

Hans Mezger schrieb in einer Studie: „Erschwerend für eine schnelle Entwicklung war die Tatsache, daß viele Einzelteile außerhalb des Hauses gefertigt werden mußten und im Zeichen der Hochkonjunktur teilweise sehr lange Lieferfristen hatten. Beispielsweise wurde die fertige Kurbelwelle, für die ein Schmiedegesenk hergestellt werden mußte, erst neun Monate nach der Bestellung angeliefert…"

Bei den ersten Prüfstandläufen, um Weihnachten 1960, war die Leistungsausbeute in der 1,5-Liter-Version enttäuschend, von den angestrebten 180 PS war keine Rede.

Erst im nächsten Winter wurde die Leistungskurve allmählich dort hingebogen, wo die Konkurrenzfähigkeit angesiedelt war: Kugelförmige Brennräume und geänderte Ventilwinkel erforderten neue Zylinderköpfe, allein die Verwendung von Titanpleueln brachte 12 PS.

Dan Gurney zog später Vergleiche mit dem Brabham-Climax V-8, deshalb konnte er über Porsches Achtzylindermotor eine kompetente Standortbestimmung überliefern: „Es fehlte im mittleren Bereich an Power, daher war auch ein Sechsgang-Getriebe notwendig, um den Motor bei Drehzahl zu halten."

Die Leistungskurve unterstreicht Gurneys Erinnerungen:

Bei 6 000 Touren standen erst 120 PS zur Verfügung, bei 6 500 waren es 138 PS, bei 7 000 knapp 150 PS, bei 8 000 satte 175 PS und bei 9 000 fast 190 PS.

Der Motor war kompliziert und voluminös, in dem Stahl-Gitterrohrrahmen, der 38 Kilogramm wog, nicht leicht zu verstauen. Die 0,8 mm dicke Alu-Karosserie wurde später durch eine glasfaserverstärkte Kunststoff-Karosse ersetzt.

Eine Pumpe sorgte für eine gute Gewichtsbalance, sie konnte aus dem Haupttank Sprit in den Bugtank transferieren, um während des Rennens eine Gewichtsverteilung von 48 Prozent vorne und 52 Prozent hinten aufrecht zu halten. Die erstmals eingesetzten Scheibenbremsen waren Marke Eigenbau.

Die Formel 1-WM 1962 begann erst im Mai in Zandvoort. Ferry Porsche war voller Mißtrauen: Mit dem neuen Formel 1 riskierte man die Beschädigung des tollen Marken-Nimbus'. Erst nach dem Freitag-Training zum Grand Prix von Holland gab er seinen Segen für das Renndebüt des 804.

Dan Gurney stand in Zandvoort am achten Startplatz, 2,2 Sekunden hinter dem Pole-Mann, John Surtees auf Lola, der den neuen Climax-V8 im Heck hatte.

Das Debüt des Porsche-Achtzylinders an diesem 20. Mai 1962 stand etwas im Schatten des neuen Lotus-25, mit dessen bleistiftschlankem Blechkasten-Chassis Colin Chapman ein Quantensprung gelungen war. Die Konstrukteure damals hatten noch Freiräume, die es heute nicht mehr gibt.

Gurney brach zuerst der Schalthebel, dann der Antrieb, Jo Bonnier im zweiten 804 wurde siebenter, vor sich noch Carel de Beaufort, im alten Formel 2-Vierzylinder-Porsche.

Ferry Porsches Befürchtungen waren somit nicht unbegründet gewesen. Er strich daraufhin Monaco vom Spielplan, jedoch Gurney setzte im letzten Moment einen Start mit dem 804 durch, und wurde prompt schuldloses Opfer einer Massenkollision. Bonnier im Vierzylinder wurde immerhin Fünfter.

Porsche verzichtete auf den Belgien-Grand Prix, um am Nürburgring eine lange Checkliste von Verbesserungen abzuhaken. An der Vorderradaufhängung konstruierte der Jung-Ingenieur Peter Falk zusätzliche Längsstreben, weil die Aufhängung beim Bremsen flatterte. Die Sitzposition wurde nach hinten geneigt – im Lotus-25 lag Jim Clark flach wie in einem Liegestuhl. Der Rohrrahmen wurde versteift, die hintere Spur um fünf Zentimeter verbreitert, Bilsteindämpfer ersetzten die Konis, Helmut Bott sorgte für die Modifikationen im Chassis. Gurney legte eine 8:44,4 Runde aufs Parkett, worauf Ferry Porsche seiner Truppe die Reise zum Frankreich-Grand Prix genehmigte.

In Rouen stellte Gurney, der unter einer Angina litt, das Auto hinter Clark, Graham Hill, Bruce McLaren, Brabham und Surtees auf den sechsten Startplatz, auf Clark fehlten nur 1,7 Sekunden. Man war der Konkurrenz näher gekommen, Ferrari war nicht am Start.

Gurney war Sechster am Anfang und Erster im Ziel. Clark und Hill hatten sich in Führung liegend aufgerieben, der Schotte schied mit defekter Radaufhängung aus, an Hills BRM war das Gasgestänge defekt.

Aber nicht diesen Sieg im französischen Grand Prix wertet Gurney als sein bestes Rennen im 804, „sondern den Nürburgring, wo es regnete, das Batteriekabel locker wurde und ich hart wie nie fightete" – er wurde hinter Hill und Surtees, nur 4,3 Sekunden hinter dem Sieger, Dritter.

In der WM wurde Dan Gurney, diese spätere Kultfigur der amerikanischen Rennszene, hinter Weltmeister Graham Hill, Clark, McLaren und Surtees Fünfter.

Mit Jahresende war der 804 ein Museumsstück.

Aus den Sportwagen-und GT-Rennen ließen sich wertvolle Brückenschläge für die Serie durchführen, doch die Formel 1 war nur teuer, setzte doppelte Entwicklungen in Gang.

Die Erfahrung eines Seiltänzers nützt keinem Fußgänger am Zebrastreifen.

Porsche zog sich deshalb aus der Formel 1 zurück.

125 ▪ 1
Ende 1962 war Porsches Ausflug in die Formel 1 erstmal zu Ende. Der Grund lag wohl in erster Linie daran, daß die auf Serienwagen nur bedingt übertragbare Technik einen unverhältnismäßig hohen finanziellen Aufwand erforderte

Von Heinz Prüller

Power, Profis, Perfektion

TAG-Turbo und die zweite Formel 1-Ära: 1983 bis 1987

DER MCLAREN-TAG-TURBO „made by Porsche" war das Tollste, das die Formel 1 in ihrer stürmischsten Phase erlebt hat: Mit 25 Grand Prix-Siegen und drei WM-Titeln der erfolgreichste deutsche Rennmotor, seit um die Formel 1-Weltmeisterschaft gefahren wird. Der im Turbo-Zeitalter die Maßstäbe gesetzt und nicht nur durch seine Siegesserie, sondern fast noch mehr durch seine Haltbarkeit verblüfft hat.
Besser als Porsche hat im High-Tech-Krieg der so extrem schnellebigen Formel 1 keiner das Zeitproblem gelöst.
Finanziert wurde das gigantische Projekt von Mansour Ojjeh's „Technique d'Avant Garde" mit fünf bis zehn Millionen Dollar pro Jahr – so genau weiß das heute keiner mehr.
„Aber die Leute, die das machten, waren lauter Vollblut-Ingenieure von Porsche", erinnert sich Niki Lauda, Porsches erster Formel 1-Weltmeister, noch heute dankbar. „Es war eine wirklich tolle Herausforderung. Und der Motor wurde binnen kürzester Zeit zu einem Siegermotor – wirklich einmalig. Vielleicht meine schönste Erinnerung überhaupt an Deutschland!"
Der heutige „Piccolo Commendatore" war gerade rechtzeitig aus seiner ersten Frühpension (nach seinem vorübergehenden Rücktritt in Montreal 1979) zurückgekommen. Zuerst als „Anti-Turbo", aber das wurde ihm sehr bald fad: „Wenn du mit dem Saugmotor bis zu 160 PS weniger hast als die Turbo-Motoren, wird das Rennfahren sinnlos."

Das wußte natürlich auch Hans Mezger, der früher in einer Studentenband gespielt hatte, und komponierte bereits sein Meisterstück, das Porsche im Auftrag von McLaren entwickelte: den 1,5 Liter-Sechszylinder-V-Motor mit 80 Grad-Winkel – das ganz spezifische Merkmal dieses Wunderwerks der Technik, das Honda später schamlos kopierte.
Wieso 80 Grad, Herr Mezger?
„80 Grad waren wirklich ungewöhnlich, wurden aber wegen der besonders hohen Laufruhe ausgewählt."

Beide Turbo-Raketen, der Porsche und der Honda, wurden 1983 gleichzeitig rennfertig. Aber als die Japaner im fünften Jahr ihren ersten Fahrer-WM-Titel schafften, hatten die McLaren-Porsche-Piloten, Niki Lauda und Alain Prost schon drei WM-Titel gewonnen!

Anatomie eines Supermotors: Hans Mezger hatte – ab Oktober 1981 – den Würfel ursprünglich für ein *Wing Car* konstruiert. Als die Flügelautos der Bannfluch traf, war ein kleiner, kompakter Motor immer noch günstiger, weil McLaren-Konstrukteur John Barnard stets dem extremen „Flaschenhals-Prinzip" huldigte: „Das Heck muß aussehen wie eine Cola-Flasche."
Erster Prüfstandtest im Dezember 1982, erste Probefahrten von Roland Kussmaul in Weissach. Und im Juli 1983 kreist Lauda erstmals in Silverstone. Nikis Vertragsrechte: Er darf alle wichtigen Tests als Erster fahren – John Watson schaut anfangs nur zu und stoppt die Zeiten. Das Experimentier-Chassis: der McLaren MP 4, gefahren 1981 von Andrea de Cesaris, jetzt ein rollendes Versuchslabor. Damit beginnt die größte Herausforderung für Fahrer und Ingenieure.

DER MOTOR

127 • 1
Trio infernal – aber nur für ihre Gegner! Mansour Ojjeh (links) und Ing. Hans Mezger (rechts) mit ihrem gemeinsamen „Baby": Dem TAG-Turbo-Motor made by Porsche, der in der tollsten Zeit der Turbo-Ära die absoluten Maßstäbe setzte. Hinter diesem Projekt steckte die ganze Power deutscher Ingenieurskunst. Drei Jahre in ununterbrochener Reihenfolge gewann dieser V6 die Formel 1-Weltmeisterschaft: 1984 mit Niki Lauda, 1985 und 1986 mit Alain Prost. Dann wanderten die deutschen Raketen ins Museum, ehe sie Mansour Ojjeh und Hans Mezger noch einmal hervorholten: für unser Exklusivfoto im vergangenen Winter – ein Jahrzehnt danach.

made by PORSCHE
TAG turbo
Techniques d'Avant Garde
TAG turbo
Techniques d'Avant Garde

127 ▪ 1

Ein Blick in den Rückspiegel?
Hans Mezger erläutert: „Der Turbo heißt Turbo, weil er Abgas-Turbolader verwendet – zwei, auf jeder Seite einen. Der Abgas-Turbolader besitzt ein Turbinen- und ein Verdichtungsteil. Die Turbine wird angetrieben durch die Auspuffgase des Motors, die von jeweils drei Zylindern hereinkommen. Die Turbine treibt dann den Verdichter des Motoirs des Turboladers an. Der Verdichter saugt Luft an, verdichtet sie, dann kommt die Luft, die bei der Verdichtung erhitzt wird, in den Ladeluftkühler; von dort wird die Verbrennungsluft in die Zylinder geleitet."
Ein heißes Programm, in jeder Hinsicht.

Porsche bekommt die technischen Probleme genauso sensationell rasch in den Griff wie Lauda die fahrerische Herausforderung: „Die volle Leistung setzt ja erst ein, wenn der Ladedruck da ist – und das braucht seine Zeit."
Der berühmte *Turbo-Delay*: „Du kommst zur Kurve, bremst, gibst aber schon wesentlich vor der Kurve wieder Gas – weil es eine Sekunde braucht, bis sich der Druck aufbaut. Dann mußt du im richtigen Punkt der Kurve sein, hast die volle Leistung und ziehst durch. Aber das lern' ich genauso schnell wie meine Kollegen von Ferrari oder Brabham..."
Wenn Lauda mit der Konkurrenz vergleicht, weiß er: „Dort sind die Turbo-Raketen anfangs schon nach wenigen Runden auseinandergeflogen. Aber unser TAG-Turbo läuft gleich einmal 650 Kilometer ohne die geringsten Probleme." Und was Lauda noch freut: „Der Cosworth-Motor erzeugt, wenn du ihn anstartest, immer so lästige Vibrationen, die dich den ganzen Grand Prix an Rücken und Nieren kitzeln. Das Angenehme am TAG-Turbo: Er ist leiser, vibriert nicht und kitzelt nicht."

Ein Jahr lang hat McLaren den Motor exklusiv. Mansour Ojjeh träumt für die Zeit danach schon „von einem ganzen Starterfeld mit lauter TAG-Turbos" – was Illusion bleibt.
Als die McLaren-Porsche-Rakete fertig ist, läßt Ron Dennis in Zuffenhausen quasi eine „Berliner Mauer" aufbauen: Jeder Blick aufs neue Auto streng verboten.
Aber niemand weiß, was Lauda jetzt erst preisgibt: Daß er mit List und Tücke, charmanter Erpressung, Weltmeister geworden, daß die ganze sensationelle, frühzeitige Siegesserie einem Lauda-Trick zu verdanken ist.
McLaren will erst 1984 mit dem Turbo fahren, aber Lauda protestiert heftigst: „Wir alle wissen, wieviel Zeit die Entwicklung eines solchen Motors braucht. 1983 ist schon fast vorbei. Verwenden wir doch die restlichen Grand Prix' als Testrennen – damit wir 1984 voll auf den Titel losgehen können!" John Barnard, gewohnt, seine Autos zwar perfekt, aber immer erst sehr spät abzuliefern, wehrt sich kategorisch: „Wir fahren erst 1984, Schluß!"
Worauf Lauda seinen direkten Draht zum Millionensponsor Marlboro spielen läßt: „Wenn Dennis und Barnard wirklich erst 1984 mit dem Turbo kommen wollen, braucht ihr ihnen für 1983 nicht so viel zu zahlen..."
Geld wirkt immer in der Formel 1. Das Ultimatum auch: In Zandvoort, im Spätsommer steht das Auto wirklich in der Box, vielbestaunt: Mit zwei Abgas-Turboladern, zwei Ladeluftkühlern und zwei *Wastegates* nicht schwerer als ein Saugmotor – der dieses ganze Beiwerk ja nicht braucht.

Die frühen Einsätze sind ganz, ganz wichtig: Das Team erkennt, daß Bremsen und Flügel zu klein sind, die Kühlung nicht funktioniert – alles wird rasch modifiziert. „Wir hatten damals schon 700 PS", erinnert sich der für den Test- und Rennbetrieb zuständige Ralf Hahn, der nach seiner Porsche- und Ferrari-Karriere 1997 mit Minardi in die Formel 1 zurückgekehrt ist. „Das waren 200 PS mehr als die Cosworth-Saugmotoren."
Der Premierenmotor war mit 6,9 verdichtet, in Kyalami bereits 7,2. Ladedruck damals: 3,1 bar.
„Aber die Möglichkeiten des Motormanagements haben wir gar nicht voll

129 ▪ 1
Porsches erster Formel 1-Weltmeister: Niki Lauda (Nr. 8) gewann 1984 das knappste und dramatischste, aber auch fairste WM-Finale der Formel 1-Geschichte gegen seinen McLaren-Stallgefährten Prost um einen halben Punkt.

129 ▪ 2
Der Herr Professor: Alain Prost trug 1986 und 1987 die Startnummer 1 – der Franzose war damals auch der Beste. Heute steht er mit 51 Grand Prix-Siegen überlegen an der Spitze der ewigen Siegerliste. Die meisten Rennen gewann er mit dem McLaren-Porsche: „Meine glücklichste Zeit!"

129 ▪ 1

129 ▪ 2

ausgenützt. Spritverbrauch kein Problem – weil man ja 1983 noch nachtanken durfte" – später vorübergehend nicht mehr, heute aber längst wieder – gezwungenermaßen.

1983 sehen die McLaren-Porsche noch keine Zielflagge. Barnard vergrößert die Kühler mit jedem Rennen. Aber wegen der unterdimensionierten Bremsen müssen Lauda und Watson jeweils 150 Meter früher in die Eisen steigen, worauf es entsprechend länger dauert, die Motordrehzahl wieder hochzukitzeln. Beim WM-Finale in Kyalami hat McLaren die Bremsen erstmals im Griff – und prompt hätte Lauda fast gewonnen.
Weil bei Alain Prost in Südafrika der Turbolader *k.o.* geht, wird Nelson Piquet auf Brabham-BMW der erste Turbo-Weltmeister, aber alles ahnt: Ab 1984 ist McLaren-Porsche dran. Mit Lauda – oder? John Watson pokert zu lange um seine Gage, will soviel Geld wie Lauda, übersieht aber, daß sich Prost mit Renault verkracht – und plötzlich ist der Franzose frei für McLaren.
„Der schnellste Teamgefährte, den ich je hatte, und mein größter Gegner im Kampf um den WM-Titel", spürt Lauda und korrigiert ab sofort seine Strategie: „Ich will im Qualifying kein Mörderrisiko mit hochgepeitschtem Ladedruck eingehen – die *Pole Position*-Runden überlaß' ich Prost. Ich konzentriere mich lieber darauf, mein Auto schon fürs Rennen abzustimmen."
Das Drehen am Dampfrad kommt als taktische Variante dazu: Höherer Ladedruck heißt mehr PS, frißt aber auch mehr Sprit. Die Verdichtung wird in Weissach auf 7,8 erhöht. Dazu kommt viel stärker ausgereizte Elektronik, vor allem sequentielle Einspritzung: Ab sofort spritzt nicht mehr die ganze Zylinderreihe, sondern jeder Zylinder zeitgetaktet ab.
Durstig ist der Porsche-Motor nie: Als Prost gleich sein Porsche-Premierenrennen 1984 in Rio gewinnt, pumpen die McLaren-Mechaniker nach der Zielflagge noch 20 Liter aus den Tanks!
But nobody is perfect: In Kyalami springt Lauda nach dem *Warm up* der Hauptstecker der Motronic herunter, er wird darauf mit einem Plastikband festgebunden – gleichzeitig geht bei Prost wegen des unterkühlten Treibstoffs die Benzinpumpe fest, weshalb der Franzose aus den Boxen starten muß. Typisches Beispiel, wie nahe in der Formel 1 Triumph und Niederlage beisammenliegen.
Lauda führt von Start bis Ziel, bekommt aber große Augen, als ihn plötzlich Boxensignale alarmieren: „Prost P 2". Sein Teamkollege ist wirklich, das ganze Feld aufrollend, auf Platz 2 vorgestürmt: Der erste Doppelsieg für den McLaren-TAG-Turbo.

Die rot-weißen Raketen rasen 1984 von Sieg zu Sieg: Siebenmal gewinnt Prost, fünfmal Lauda.
Das sensationelle Porsche-Stallduell um den WM-Titel, wie es sich nach Rio und Kyalami entwickelt:
Imola: 1. Prost, Lauda Motorschaden.
Dijon: 1. Lauda, der „wie ein Verrückter fahren muß, um zweimal nach Boxenstop den führenden Tambay einzuholen, weil Ron Dennis den Boxenstop lang verzögert hat“ – aber Prost nur Platz 7.
Monte Carlo: 1. Prost vor Ayrton Senna und dem grandiosen Stefan Bellof, als wegen Regens abgebrochen wird, aber Lauda rutscht am Casino aus: „Zuerst rinnt dir das Wasser in den Helm, dann ins Hirn, und dann drehst du dich.“
Montreal: 2. Lauda, 3. Prost.
Detroit: 4. Prost, Lauda defekte Elektrik.
Dallas: Lauda und Prost *crashen* gegen die Mauer.
Brands Hatch: 1. Lauda, Prost hat Getriebeschaden.
Hockenheim: 1. Prost, 2. Lauda.
Zeltweg: 1. Lauda mit viel Herzklopfen: totaler Getriebeschaden kurz vor Schluß. „Ich roll' nur langsam weiter, weil ich mir den langen Fußmarsch an die Box ersparen will, aber Piquet vermutet, ich fahre nur taktisch – und greift nicht an“, wundert sich Lauda noch heute. Prost kracht, auf Öl ausgerutscht, in die Leitplanken.
Zandvoort: 1. Prost, 2. Lauda – der Stallrivale hat also zurückgeschlagen.
Monza: 1. Lauda, Prost hat Motorschaden.
Nürburgring: Lauda rollt sich beim Testen in der Eifel ausgerechnet an Prof. Ferry Porsches 75. Geburtstag ein Hinterrad über den Fuß, was im deutschen Fernsehen Alarm auslöst: „WM ist entschieden – durch Beinbruch von Lauda.“ Wieder gewinnt Prost, aber Lauda rettet Platz 4.
Und dann das Foto-Finish von Estoril. Unmittelbar vor dem WM-Finale kommt Hans Mezger mit einem TAG-Turbo-Motor zu mir nach Wien ins TV-Studio, und Lauda fleht vor laufender Kamera den Konstrukteur an: „Hans, ich bitte dich – mach alles, daß der Motor hält!“ Die Situation ist klar: Wenn Prost gewinnt, muß Lauda unbedingt Zweiter werden.

Das Sensationsfinale, wer erster Porsche-Weltmeister in der Formel 1 wird, fasziniert Millionen.
Vorn stürmt Prost auf und davon. Lauda ist auf dem elften Startplatz eingekeilt, kämpft wie verrückt, fährt das beste Rennen seines Lebens, verzweifelt aber fast, weil er lang nicht nach vorn kommt und wird erst später wissen: Der linke Turbolader war defekt – Schaufeln heruntergerissen, Ölpumpe abgebrochen. Ein Defekt, an dem Porsche schuldlos ist.

130 ■ 1

130 ▪ 1
Die Wunderwaffe aus Zuffenhausen: Der TAG-Turbo made by Porsche war leichter und kleiner als die Triebwerke der Konkurrenz, hatte mehr PS und verbrauchte weniger Sprit – mehr Lob kann man über einen Formel 1-Motor nicht ausschütten. Der V6 gewann gleich im ersten Jahr zwölf von 16 Rennen

Aber Lauda erkämpft sich trotzdem Platz zwei, beschwört die letzten Runden den McLaren-Porsche: „Bitte, liebes Auto, fahr' bis zum Schluß!" Seine Angst, der Sprit könnte ausgehen, ist unnötig, die letzten Runden fährt er wie in Trance: 13 Sekunden trennen die McLaren-Porsche auf dem Zielstrich, vierter Doppelsieg des Jahres.
Die Formel 1 hat ihren Wunschweltmeister, um einen halben Punkt – und die 113,5 Punkte in der Konstrukteur-WM bleiben lange Weltrekord.
Porsche freut sich mit Lauda, McLaren lacht und weint mit Prost: sieben Saisonsiege und trotzdem nicht Weltmeister. „Mach dir nichts draus", tröstet Niki den unglücklichen Franzosen noch auf dem Siegerpodest, „nächstes Jahr bist sowieso du *World Champion*, und ich werde dir dabei helfen." Damit trocknen auch Alains Tränen.
Die WM-Feier in der Disco „Coconut" ist lang und stürmisch. Und sogar Bio- und Fitneß-Guru Willi Dungl gibt, wie englische Zeitungen erstaunt vermelden, *„a sensational guest performance as a Whisky drinker..."*

Die McLaren-Porsche-Performance bleibt auch 1985 grandios: Die Autos bekommen eine neue Motronic-Generation von Bosch mit vier statt zwei Kennfeldern und elektronischer Ladeluftregelung. Oft muß ja der Pilot im Zweikampf den Ladedruck erhöhen, aus Verbrauchsgründen dann aber wieder zurücknehmen. Normaler Rennladedruck: 3,3 bar. Im Qualifikationstraining: bis 3,8 bar. Leistung im Rennen: 800 PS.
Und eine Premiere zur Saisonmitte 1985, ab dem französischen Grand Prix in Le Castellet: symmetrische, spiegelgleiche anstatt zuvor nur in eine Richtung (rechts) drehende Lader – die übrigens immer von KKK kommen. „Wir testen zwar auch Garrett, finden aber keinen eindeutigen Vorteil. Und die 120 Kilometer von Zuffenhausen nach Frankental sind günstiger als der ganze weite Weg nach den USA."

Prost wird, wie angekündigt, 1985 mit Triumphen in Rio, Monte Carlo, Silverstone, Zeltweg und Monza souverän Weltmeister. Lauda schlägt den Stallkollegen nur einmal, in Zandvoort, fällt aber oft durch Vibrationsschäden an Steuergerät und Lichtmaschine aus. Dann überläßt er das Cockpit dem „fliegenden Finnen" Keke Rosberg, der gegen Ende seiner Karriere „noch unbedingt erleben will, wie McLaren-Porsche arbeitet."

1985 war Spritkühlung bereits verboten, 1986 wird das Tankvolumen auf 195 Liter reduziert.
Nach anfangs störenden Nebengeräuschen, wie Klopfen und Klingeln, hat Porsche zusammen mit Shell andere Spritsorten getestet – und auch angewendet. Die Verdichtung wird auf 8,0 erhöht, die 3,4 bar Renn-*Boost* entsprechen 850 PS, im Qualifying fahren Prost und Rosberg mit 4,2 bar.
Man freut sich über die bereits dritte Motronic-Generation, mit einem kleinen Speicher gibt es die ersten Anfänge der Datenaufzeichnung der Motor-Parameter. Und der geniale John Barnard hat die Lader nach innen verlegt , um den Staueffekt auszunützen.

Man zittert in Hockenheim um Prost und Rosberg, denen in der letzten Runde der Sprit ausgeht. Das McLaren-System: Cockpit-Anzeigen mit den noch im Tank befindlichen Litern Sprit und den noch zu fahrenden Restrunden, die der Pilot mit der Boxenanzeige vergleicht: Er weiß also, ob er im Plus oder Minus ist. Ein Prozent, nicht mehr, hat gegen Alain und Keke entschieden...
Prost verteidigt mit vier Siegen in Imola, Monte Carlo, Zeltweg und Monza seinen WM-Titel, aber auch mit viel Herzklopfen: Nigel Mansell hat beim Finale in Adelaide schon den Titel vor Augen, als ihm bei 320 km/h ein Hinterreifen explodiert. Der schlaue Prost hat schon vorher Reifen gewechselt und schlägt Nelson Piquet im Zielsprint um vier Sekunden.

Porsche zum dritten Mal hintereinander Weltmeister! „Ich will nicht behaupten, unser Motor ist der beste. Aber ich kann nicht akzeptieren, wenn ich höre, andere Motoren wären besser", wehrt sich Ralf Hahn.

Mehr und mehr werden die Großen Preise zu Spritrennen. „Und wer im Verbrauch besser ist, kann mit mehr Leistung länger fahren", lautet das Kampfmotto für die Saison 1987 mit 900 PS, 3,5 bar und Verdichtung 8,7.
Prost hat von allen Piloten den geringsten Materialverschleiß, verbraucht am wenigsten Reifengummi, Bremsbeläge und Sprit. Alain und sein neuer Teamkollege, Stefan Johansson, haben die Möglichkeit, aus dem Cockpit heraus das Gemisch abzumagern (drei Positionen). Aber Prost muß nie umstellen! Er fährt immer etwas fetter. Mehr Innenkühlung heißt: kleineres Risiko.
Nur als in Spa seine Spritanzeige ausfällt, fragt Prost über Funk in der Box nach: „Wieviel Sprit verbraucht der Stefan?"

Die Drehzahl ist, *peu a peu*, von 11200/min im Jahr 1983 auf kurzfristig 12600-, ja sogar 13000/min geklettert. Die Datenerfassung wurde immer mehr *sophisticated*. Und in Mexiko 1987 feiert die Funkübertragung Premiere, „weil wir bei Porsche versprochen haben: Das tun wir auch noch." Der Sender steckt im Fußbereich, der Empfänger an der Boxenmauer.

Was Prost, McLaren und Porsche 1987 den vierten WM-Titel in Folge kostet, ist der berühmte Pfennigdefekt: ein gerissener Keilriemen in Imola und Monza. Warum, klären Hochfrequenzkameras mit Stroboskopie auf einem extra aufgebauten Prüfstand.
Konsequenz daraus: Der *Twin-Belt*-Riemen. Damit ist das zweite Bagatell-Problem gelöst, nachdem Porsche schon 1985 die Serienstecker durch Militärstecker ersetzt hat. „Denn ohne Militärstecker wäre unser Kabelbaum immer dicker geworden – den hätten wir nicht mehr verlegen können."

„The long good-bye", der lange Abschied, hat sich bereits während der Saison 1987 abgezeichnet. Im Spätsommer ist die Trennung endgültig. Danach erzwingt Prost in Estoril noch einen Weltrekord-Triumph: Seinen 28. Grand Prix-Sieg, mit dem er Jackie Stewarts damaligen Ewigkeitsrekord (27) übertrifft – ehe er 1994 mit 51 Siegen, zehn mehr als Senna, endgültig in Pension geht.

In Portugal freut sich Prost noch: „Ich bin glücklich, daß ich den Rekord noch mit den Deutschen geschafft habe. Jetzt will ich über meine WM-Titelchance gar nicht mehr nachdenken, sondern mich nur noch freuen, die ganze Nacht, die ganze Woche" – und bis zum WM-Finale in Adelaide.

Vier Tage vor dem Abschiedsrennen lädt Ron Dennis die Porsche-Crew in Adelaide zum Abendessen ein: „Projektbegleiter" Ralf Hahn, den für die Datenerfassung zuständigen Ingenieur, Wolfgang Steck, Werkstatt-Gruppenmeister Gerhard Küchle und Mechaniker Lothar Feucht.
„Mr. McLaren" in seiner Tischrede: „Ich danke euch für die Zusammenarbeit, die mit drei WM-Titeln kaum erfolgreicher hätte sein können. Aber es gab auf beiden Seiten Gründe, die Zusammenarbeit zu beenden."
Leichenschmaus, Schwanengesang, ein kurzes Wort zum langen Abschied – oder Requiem für einen Sechszylinder-Turbo?

Was Prost und Johansson im 68. und letzten Porsche-Rennen stoppt, sind Bremsdefekte. Mit dem berühmten rostigen Nagel im Herzen und etwas Wehmut verabschiedet sich die Porsche-Crew vom Grand Prix-Zirkus.
Vor allem Ralf Hahn tut das Aufhören weh, „weil ich überzeugt bin: Wir wären auch 1988 nach der neuen 2,5 bar-150 Liter-Regel vorn mitgefahren! Mit gut 650 PS, also mehr als die damals neuen Saugmotoren."

Die grüne Lampe, die unter 3 500/min die Porsche-Piloten an die geänderte Übersetzung der Lichtmaschine erinnerte, seit Prost in Zeltweg der Motor

abstarb, ist verloschen. In der Formel 1, der faszinierendsten Arena höchster Rennsporttechnik, ist ein Licht ausgegangen. Die TAG-Turbo-Motoren „made by Porsche“ wandern ins Museum – ähnlich, wie Alfred Neubauer nach Monza 1955 seine Silberpfeile symbolisch zugedeckt hat.
They never come back? Heute stehen die 150 TAG-Turbo-Motoren eingemottet bei McLaren. Der Plan, aus ihnen wegen des sensationell niedrigen Gewichts Hubschraubermotoren zu machen, blieb Illusion. McLaren hat die deutschen Motoren nie verkauft.
End of story – aber Beginn einer Legende. Später sagen viele, auf beiden Seiten: „Es wäre gescheiter gewesen, gemeinsam weiterzumachen – aber hinterher ist man immer klüger…“
Sturheit darf den Deutschen keiner vorwerfen. „Ganz im Gegenteil“, erinnert sich Hans Mezger, „wir haben zusätzlich manches getan, das nicht im Vertrag stand – zum Beispiel einige Motor-Revisionen gar nicht verrechnet.“
Ron Dennis ist der einzige Formel 1-Teamchef, der mit drei großen deutschen Motorenherstellern zusammengearbeitet hat. Logisch die Frage an ihn, ob er vergleichen kann: „Alle sind verschieden. Andere Kultur, andere Ziele. Bei Porsche waren wir zahlende Kunden, und Porsche war der Motorhersteller – unser heutiges Verhältnis ist eine Partnerschaft. *For better or worse, rich or poor* – besser oder schlechter, ärmer oder reicher“, philosophiert Dennis.

Und waren Sie mit Porsche 1983-87 glücklicher oder unglücklicher?
„Alle Perioden meines Lebens, die mit Rennsiegen zusammenhängen, machen mich glücklich. Aber das ist lange her. Ich krame nicht in der Vergangenheit, sondern blicke die meiste Zeit immer nur nach vorne.“

Dagegen antwortet Prost mit dem Abstand von zehn Jahren auf die Frage: „Der McLaren-TAG-Turbo, deine schönste Zeit im Rennsport?“ ganz spontan: „Meine glücklichste Zeit! Sogar 1984, obwohl ich damals den WM-Titel um einen halben Punkt verlor.“
Eine faszinierende, aufregende Epoche, auch in den Boxen und im Fahrerlager. Prinzessin Stephanie von Monaco galt als großer Fan von Prost, und auch Lady Sarah, die spätere „Fergie“, sah man oft in der McLaren-Box.

Schlußwort von Niki Lauda: „Entscheidend war, daß ich mit Porsche-Unterstützung damals McLaren gezwungen habe, das Turbo-Auto ein Jahr früher einzusetzen. Über den Winter wurden alle Schwachpunkte ausgemerzt, so daß wir ab 1984 den besten, stärksten, haltbarsten Motor hatten – und alles in Grund und Boden fuhren.“ Das war deutsches Tempo.

Mansour Ojjeh hat aber nochmals indirekt eine Rennsportehe mitgestiftet: Seine amerikanische Frau, Katie, war 1996 Trauzeugin von Gerhard Berger.

Crash am Anfang, Rennsiege mit VW-Teilen: Vom Spyder zum Formel 2 und in die Formel 1

von Helmut Zwickl

718

DIESER BRIEF, DATIERT MIT 4.8.1960, der mir über die Zinnen der Burg Hemmersbach, Post Horrem, Bezirk Köln, ins Haus nach Wien flatterte, hatte als Absender niemand geringeren als Wolfgang Graf Berghe von Trips.

Ich hatte es gewagt, als völlig unbekannter Hobby-Journalist vier Fragen an ihn zu richten. Man stelle sich vor: Ein Niemand schreibt heute an Michael Schumacher, quält ihn mit einem Brief-Interview. Ich bin überzeugt, das Ansinnen landet im Papierkorb.

Wolfgang Trips hatte die Größe zu antworten. Er schrieb mir: „Der neuen Formel 1 stehen wir Fahrer nach wie vor skeptisch gegenüber, da sie eine Formel ablöst, die ihre technische Grenze noch nicht erreicht hat, wie es die diesjährigen Rennen deutlich gezeigt haben. Es ist offensichtlich geworden, daß man die Hubraumbegrenzung von 2,5 auf 1,5 Liter lediglich einer über die Gefahren des Rennsports falsch orientierten Öffentlichkeit, sprich Presse, geopfert hat.

Auf der anderen Seite bringt die neue Formel natürlich auch interessante Neuerungen auf dem Motoren-und Getriebesektor, wird aber besonders durch die Gewichtsbeschränkung kaum Neues auf dem Fahrgestellsektor bringen. 450 kg halte ich für eine vernünftige Norm, glaube aber kaum, daß Gewicht einen Einfluß auf die Sicherheit eines Wagens haben kann, wenn man seinem Konstrukteur keinen sträflichen Leichtsinn nachzuweisen vermag.“

Und als Schluß-Satz: „In unser aller Anschauung ist der Frontmotorwagen als Rennfahrzeug geringer Hubraumstärke endgültig abzuschreiben.“

Damit sind wir beim Heckmotor, der Ende der Fünfzigerjahre von Cooper und Lotus neu entdeckt wurde und mit dem sie von der Formel 2 aufbauend, in der Formel 1 eine Revolution in Gang setzten und die Racing-Welt auf etwas umpolten, was Professor Porsche schon seit den Tagen seines Auto Union-Rennwagens zum technischen Credo erhoben hatte.

Und dieses neue deutsche Rennfahrer-Idol Wolfgang Trips, das 1960 zusammen mit Phil Hill, Richie Ginther, Cliff Allison und Willy Mairesse im Ferrari-Werksteam fuhr, bei Porsche groß geworden ist, war die Zentralfigur beim Stapellauf des ersten, astreinen Porsche-Formel 2-Rennwagens gewesen.

Der Weg zu diesem Monoposto begann 1957 mit einem Spyder RS, dessen Nebensitz verkleidet war, die Autos wogen 530 kg, waren damit schwerer als die Cooper-Climax, aber Edi Barth gewann am Nürburgring die Formel 2-Wertung.

1958 trat Jean Behra in einem Porsche 1 500 RSK, der als Mittellenker modifiziert war und 164 PS leistete, in Reims gegen 14 Cooper, drei Lotus, drei Osca und den 182 PS starken Ferrari an. Auf dem superschnellen Reims-Kurs hatte der Stromlinien-RSK gegen die Monoposti Vorteile, obendrein fuhr Behra kühn wie immer. Er stürmte allen davon und gewann.

Im Winter 1958/59 baute Porsche seinen ersten Monoposto. Graf Trips fuhr den ersten Test am Nürburgring: 9:29 min. waren für die Nordschleife sensationell.

Tage später ging das Auto sofort zum Monaco-Grand Prix, wo auch Formel 2 Wagen starten durften.

135 ▪ 1

1960 war „Erntezeit für den Porsche-Monoposto in der Formel 2: Zahlreiche Erfolge, gekrönt durch einen Dreifach-Triumph im englischen Aintree brachten den begehrten „Coupe des Constructeurs“, die inoffizielle Formel 2-Markenweltmeisterschaft

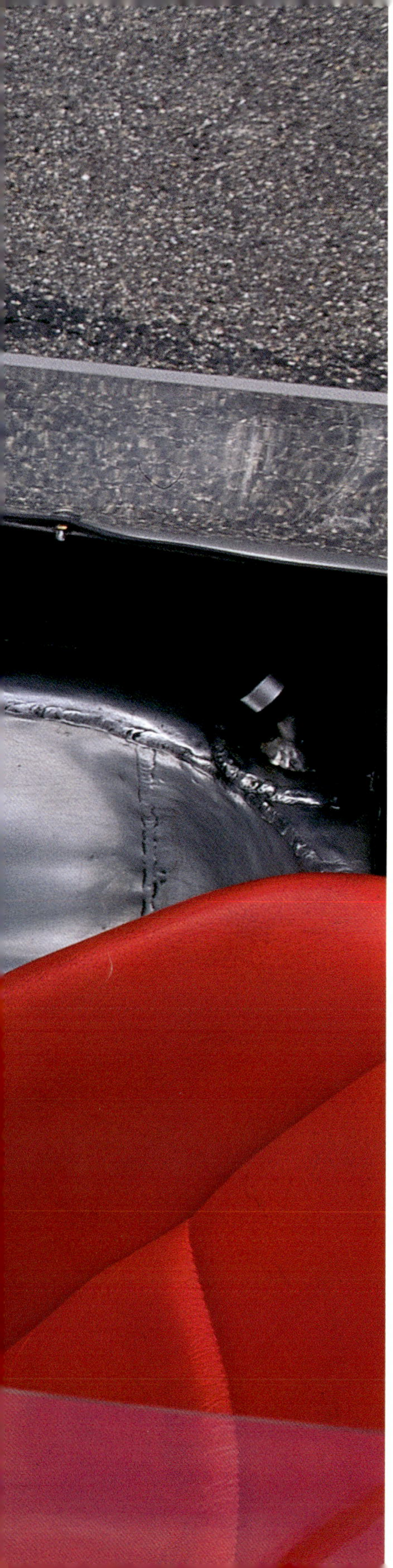

Monoposti

Formel 2 mit Heckmotor

136 ▪ 1

Blick ins Cockpit eines reinrassigen Monoposto, der als Vorläufer den Spyder RS und auch einen, als Mittellenker modifizierten 1 500 RSK im Stammbuch stehen hat

137 ▪ 1

Das Motorkonzept stammte von Dr. Fuhrmann und Karl Rabe und wurde in den Jahren 1952/53 entwickelt. Der Vierzylinder-Boxermotor mit vier obenliegenden Nockenwellen leistete in der Vergaserversion bis zu 165 PS

139▪1

Vier Jahre nach Mercedes stand wieder ein deutscher Rennwagen in Monaco am Start. Trips fuhr das Werksauto. Der sogenannte Behra-Porsche, den der Franzose als privates Projekt bei Colotti entwickeln ließ, konnte von der Italienerin Maria-Teresa de Filipis nicht qualifiziert werden.

Trips zerstörte Porsches Formel 2-Unikat in der zweiten Runde an einer Mauer, ein Ausrutscher auf einer Piste, die laut Trips „durch übergeströmten Sprit aus den vollen Tanks" verseift war.

Der Graf wurde vom damaligen „Auto, Motor und Sport"-Berichterstatter, Günther Molter, scharf kritisiert: „Trips war eine Verantwortung auferlegt worden, der er sich leider nicht gewachsen zeigte ...es wäre besser gewesen, tief in die Tasche zu greifen und einen Fahrer der Spitzenklasse zu verplichten...".

Das Projekt war jetzt ein Wrack, das Jahr 1959 konnte abgehakt werden, die Sportwagen-Einsätze hatten Vorrang – aber 1960 war Erntezeit.

Porsche gewann mit dem Typ 718 den Marken-WM-Titel der Formel 2, für den die Rennen in Syrakus, Brüssel (Moss Zweiter), Aintree (Dreifachsieg Moss, Bonnier, Graham Hill), Pau und auf dem Nürburgring (Sieger: Bonnier vor Von Trips) gewertet wurden.

Stirling Moss in einem mitternachtsblauen Rob Walker-Porsche holte aus neun Formel 2-Starts vier Siege heraus: Aintree, Zeltweg, Cape-Grand Prix in Killarney und den Südafrika-GP in East London.

Moss vergewaltigte in Aintree durch eine Fehlschaltung den Motor bis 9 000 Touren, „doch der steckte das ungerührt weg". Das einzige was Stirling am Porsche störte, war die „unexakte Sechsgang-Schaltung", daher ließ er sich eine Schaltkulisse aus dem Formel 1-Maserati 250F einbauen.

1961, das erste Jahr der 1,5 Liter-Formel, wurde ein Ferrari-Jahr. Maranello hatte den stärksten Motor, Phil Hill und Graf Trips duellierten sich gnadenlos um den Titel, nur Moss konnte sie in Monaco und am Nürburgring mit seinem privaten Lotus demütigen. Porsche hatte mit seinem im Konzept zwei Jahre alten Auto in dem Wettrüsten den Plafond erreicht: Die Kurbelarme der Vorderradaufhängung stammten immer noch von VW.

Auch der luftgekühlte Vierzylinder-Boxer, der 1952/53 von Dr. Fuhrmann und Karl Rabe konzipiert worden war, hatte mit 165 PS bei 1,5 Liter gewissermassen eine Schallmauer erreicht, die zwar mit einer Einspritzung des Schweizer Ingenieurs Michel May durchbrochen wurde – aber das war zu spät. Seine 180 PS, die er in Zandvoort 1962 erreichte, waren das Ende des Vierzylinders, aber für den neuen Achtzylinder erst der Anfang.

Dan Gurney wurde 1961 trotzdem ex aequo mit Moss Dritter in der WM, weil drei zweite Plätze (Reims, Monza, Watkins Glen) und ein fünfter Rang (Monaco) auf seinem Konto standen.

Der Achtzylinder war längst überfällig.

138▪1/139▪1
1961 bedeutete „Endzeit" für den 718/Formel 2-Rennwagen, dennoch blieb er auch über die Saison hinaus von Bedeutung, da die modifizierten Einsitzer wichtige Erfahrungen für den Einstieg Porsches in die Formel 1 boten

Kapitel 6

Sportstars

Die Saat der Gewalt kommt erst aus dem Hubraum und dann aus dem Turbolader. Der Porsche 917 setzt mit zwölf Zylindern und fünf Litern neue Zeichen jenseits von 600 PS. Als Porsche dann noch anfängt, den Motoren mit dem Turbolader richtig Druck zu machen, steigen die Leistungskurven in Regionen, wo nicht nur Pferdestärken sondern auch Kilowatt vier Stellen haben.
Der Porsche 917 erfüllt 1970 endlich den langen und auch teuren Traum von einem Gesamtsieg bei den 24 Stunden von Le Mans.

Mit Turbolader wandert der 917 nach Amerika aus. Er ist mit reichlich 1000 PS so stark und so erfolgreich, daß nach zwei gewonnenen Meisterschaften das Reglement den Porsche aussortiert.

Siegertyp 917
Ursprünglich fast unfahrbar, wird der Porsche-Zwölfzylinder 1970 Seriensieger

917/30
Zwei Jahre lang unschlagbar bei der CanAm-Serie

Moby Dick
Porsche 911 in absoluter Bestform: 900 PS

956/962
Das unsterbliche Rennauto schreibt mit 14 Siegen zwei Jahrzehnte lang Geschichte in Le Mans

142 ■ 1

Die Leitschienen begannen zu vibrieren, und es wurde unheimlich still im Cockpit

von Helmut Zwickl

917

WENN MAN IN EINEM KAMPFFLUGZEUG die Schallmauer durchstößt, so hab' ich es in einer Northrop F5F erlebt, passiert im Innern nicht viel: ein kurzes Beben, dann herrscht Grabesstille, und der Zeiger des Fahrtmessers beginnt seltsam zu zittern.

Als Rolf Stommelen 1969 in Le Mans auf der langen Geraden den Nachbrenner bei seinem Porsche 917 einlegte, wurde es auch bei ihm „unheimlich still im Cockpit, als der Drehzahlmesser im fünften Gang auf 8 200 hinzitterte..."

Den berühmten Knall hört man selber nicht, weder im Jet, noch im 917. Draußen aber passiert folgendes: Würde ein Jet in Bodennähe durch die Schallmauer gehen, würde er eine Schneise gebrochener Fensterscheiben zurücklassen.

Als Rolf Stommelens 917 die fünf Kilometer lange Gerade wie einen Vorzimmerteppich aufzuschnupfen begann, stand ich im Rechtsknick auf der Hunaudières, und auf einmal lag ein Singen in der Luft, wie man es manchmal bei Telegrafendrähten hört, und zugleich begannen die Leitschienen zu vibrieren, denn das Porsche-Projektil wühlte viel Luft auf – auch akustisch.

In diesen Augenblicken wurde auch in Le Mans gewissermaßen eine Schallmauer durchbrochen.

Stommelen kam mit einem „Wuuuau" und verschwand wie eine Sternschnuppe in den Föhrenwäldern. Fensterscheiben gingen durch die Himmelserscheinung keine zu Bruch. Es gab noch keine Speedsensoren am Auto, die womöglich über die Telemetrie den Top-Speed an die Box gefunkt hätten. So mußte das gute alte Getriebe-Diagramm herhalten, und sobald Stommelen die „8 200 im Fünften" zurückbrachte, mußte man noch die unbekannte Größe des sogenannten „Aufgehens" der Reifen dazu addieren, um die wahre Endgeschwindigkeit zu ermitteln. Sie lag zwischen 350 und 355 km/h.

Porsche freilich hatte bereits einen IBM-Rechner zu Hause, und das Elektronengehirn hatte dem 917 in Le Mans eine theoretische Rundenzeit von 3:25,76 Minuten vorgerechnet, die Rolf in dieser Runde auf 3:22.9 korrigiert hatte, was sagenhafte 238,97 km/h Schnitt waren.

„Lupfen" habe man müssen im Rechtsknick auf der Hunaudières, gab Stommelen preis. Der Computer hatte für den Rechtsknick auf der Hunaudières 319 km/h ausgeworfen, ganz *cool* im warmen Büro, ohne zu wissen, daß der Weg zur Le Mans-Schallmauer für die Piloten des 917 ein ähnliches Abenteuer war, wie einst für die Jet-Piloten, die sich an der Luftmauer die Köpfe wund schlugen. Drei Monate vor dieser epochalen Le Mans Runde hatte alles begonnen.

Am 12. März 1969 wurde Porsches „weißer Riese", der 917, enthüllt. Seit einem halben Jahr war über ihn gemunkelt worden. Seine Entwicklungszeit war mit acht Monaten sensationell kurz gewesen. Ferdinand Piëch wollte mit 4,5 Liter Hubraum und zwölf Zylindern, aus denen sich zunächst 580 PS schöpfen ließen, Porsche auf Gesamtsiege umpolen.

Die Rolle des Davids, der dem Goliath ständig ein blaues Auge haut, war ihm zu wenig. Nur Gesamtsiege und nichts anderes zählten in den großen Langstreckenrennen, und daher wollte Porsche aus dem Zweikampf Ford gegen Ferrari einen Dreikampf machen und nicht mehr länger die Beiwagen-Klasse gewinnen. „Im Mai 1968," sagte Piëch, „wurden die ersten Striche für den 917 gemacht." Im März 1969 lief die Produktion an,

142 ▪ 1
Le Mans gewinnen und aufhören hatte Hans Herrmann seiner Gattin versprochen. 1970 war es soweit. Der Sieg war ein Höhepunkt in der 20jährigen Karriere, die er mit Porsche begann und beendete. Noch beim Vortraining glaubte Hans Herrmann, der 917 „würde vor lauter Kraft in sich zusammenstürzen"

23
Shell
Shell
PORSCHE
PORSCHE

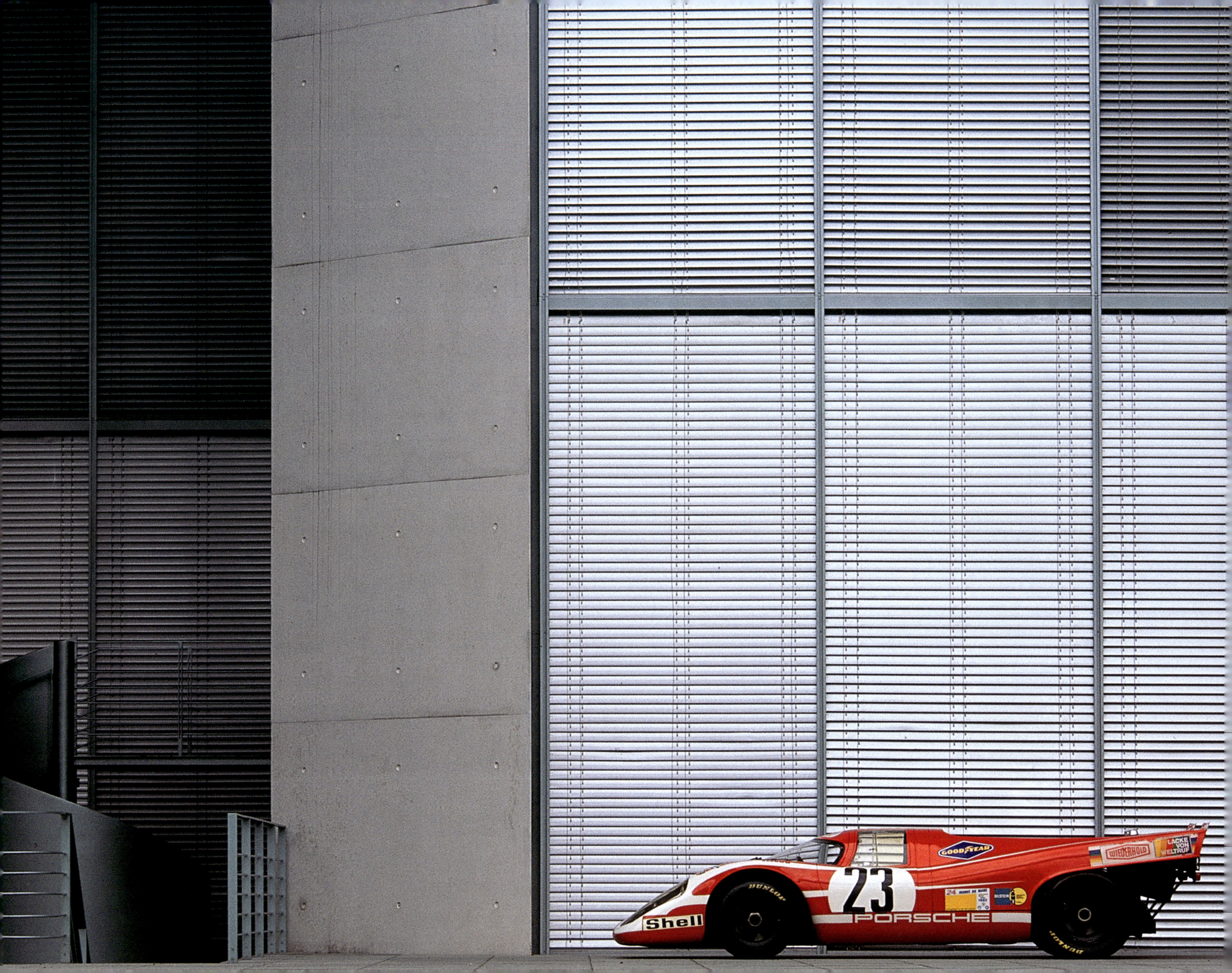
23
PORSCHE
Shell

denn für die Sportwagen-Homologation waren 25 Exemplare erforderlich. Produktion, Testprogramme und Renntätigkeit: Porsche setzte damals mit den Strategen Piëch und Bott ein Programm in Gang, das ohne Parallelen war und selbst die große Zeit der Mercedes-Silberpfeile, 15 Jahre zuvor, in den Schatten stellte. Im 917 saß der Fahrer „mit den Augen um zehn Zentimeter näher der Vorderachse als beim 908", hörte man Piëch. Gerhard Mitter hatte Bedenken: „Bin neugierig, wie sich das Ding aus dieser vorneliegenden Sitzposition mit dem Kraftei im Rücken fahren läßt. Ich kenne das von unserem Bergwagen, in dem man extrem weit vorne sitzt. Aber mit 580 PS in dem langen Rucksack, ob das geht?" Es ging ohnehin nicht in der ersten Saison.

Die Technik dieses Super-Renners: leichter Gitterrohr-Rahmen aus Flugzeugbau-Aluminium, nach einem Spezialsystem geschweißt, an dessen Entwicklung man bei Porsche fast ein Jahr arbeitete. Leichtbau über alles. Sogar die Kugel am Schalthebel war aus Balsaholz. Der Riese war ein Rechtslenker. Motortechniker Hans Mezger hatte die lange Kurbelwelle so konzipiert, daß sie, was Torsionsschwingungen betraf, aus zwei kurzen Wellen bestand. Der Antrieb erfolgte über ein zwischen den zwei mittleren Hauptlagern befindliches Zahnrad. Auch der Antrieb der Nockenwellen (zwei pro Zylinderreihe) wird an diesem Punkt abgenommen. Da die einzelnen Zylinder sich nicht gegenseitig „boxen", muß man von einem 180 Grad-V-Zwölfzylinder sprechen. Der Motor ist für die damalige Zeit äußerst kompakt geraten, er ist nur zehn Zentimeter länger als der Dreiliter-Achtzylinder. Die Benzineinspritzung erfolgt mittels Zwölfstempel-Doppelreihenpumpe. Das Kühlgebläse, mit 0,89 mal der Motordrehzahl angetrieben, fördert bei 8 400/min 2 400 Liter Luft pro Sekunde, was nur 17 PS kostet.

Für Le Mans trat man den Ford und Ferrari bereits mit 580 PS bei 8 400/min gegenüber, und das Drehmoment von 52 mkg bei 6 800 Touren ließ Freude aufkommen.

Allein die Materialkosten für den stärksten Porsche, den es bis dato gab, wurden damals mit 220 000 Mark beziffert, rund die Hälfte dieser Summe kostete die Motor-Getriebe-Einheit. Etwa 200 Arbeitsstunden waren notwendig, um den Zwölfzylinder-Treibsatz zusammenzubauen. Der Verkaufspreis, mit 140 000 Mark veranschlagt, war somit ein Defizit-Geschäft.

„Wer ist das Auto bereits gefahren?" wollte Josef Siffert wissen, als man auf dem Genfer Automobil-Salon die Decke vom 917 wegzog. „Niemand", sagte man zu ihm. Und es kam sehr bald die Zeit, wo tatsächlich „niemand" mit dem 917 fahren wollte.

Beim Vortraining in Le Mans glaubte Hans Herrmann „der ganze Wagen würde beim Beschleunigen vor lauter Kraft in sich zusammenstürzen". Was aber noch erträglich war. Bei Tempo 300 freilich „war das Auto so instabil, daß man plötzlich Schlangenlinien fuhr. Ich traute mich nicht, Vollgas zu geben...", rapportierte Hans den Technikern an der Box. Das Atemholen des Zwölfzylinders war so gewaltig, daß die Heckscheibe zu Bruch gesaugt wurde.

Ferdinand Piëch wollte selbst sehen, welches Kraftei man mit dem 917 gelegt hatte. Er klemmte sich ans Steuer und fuhr den 917 in das Porsche-Hauptquartier nach Teloche hinüber. „Aber im ersten Gang", grinsten seine Fahrer.

Der 917 durchlief ein umfangreiches Testprogramm. Er wurde auf der Weissacher Rüttelstrecke geprügelt und auf dem Rollenprüfstand einem Dauerlauf mit Brems-, Schalt- und Beschleunigungsphasen unterzogen. Anfang Mai hatte der 4,5-Liter am Prüfstand bereits drei Vollast-Stunden ausgehalten, 40 Prozent dieser Zeit drehte der Motor zwischen 8 000 und 8 600 Touren. Das Ziel waren 18 Vollast-Stunden.

In Spa-Francorchamps verschmähte Josef Siffert den 917, worauf Gerhard Mitter sich erbötig machte: Er war ein ehrgeiziger und furchtloser Pilot und liebte die Gefahr eines Schleudersitzes. Jedoch in der Startrunde überdrehte er den Motor.

Am Nürburgring hätte der 917 laut IBM-Computer um vier Sekunden schneller sein müssen als der 908. In der Praxis freilich war er noch um 30 Sekunden langsamer. „Das kommt daher", erläuterte Ing. Helmut Bott, „daß wir die optimale Querbe-

144 ▪ 1
Im Mai 1968 wurden die ersten Striche für den 917 gemacht. Im März 1969 lief die Produktion der für die Homologation erforderlichen 25 Exemplare an. Die Außenhaut der Karosserie schmiegt sich über einen leichten Gitterrohrrahmen aus Aluminium

145 ▪ 1
Im 917 saß der Fahrer laut Aussage Ferdinand Piëchs „mit den Augen um zehn Zentimeter näher der Vorderachse als beim 908"

147 ▪ 1
Geflügeltes Monster 917. Beim Vortraining in Le Mans ereignete sich folgendes: Das Atemholen des Zwölfzylinders war so gewaltig, daß die Heckscheibe zu Bruch gesaugt wurde

147 ■ 1

148 ▪ 1

148 ▪ 2

148 ▪ 3

148 ▪ 4

148 ▪ 5

148 ▪ 6

148 ▪ 7

148 ▪ 8

148 ▪ 9

148 ▪ 1-9
Der 917, der die Geraden in sich hineinzog wie einen Vorzimmerteppich, war in allen Details ausgefeilt nach ultima ratio. Leichtbau, wohin das Auge fällt, sogar der Schaltknauf bestand aus Balsaholz. Alleine der Materialwert des Fahrzeugs betrug 220 000 Mark. Verkauft wurden die 25 Exemplare für 140 000 Mark – also unter Wert. Porsche und der junge Konstrukteur Ferdinand Piëch wollten um jeden Preis siegen

schleunigung noch nicht erreichen. Das ist eine Sache der genauen Abstimmung sowie der gesamten Rad-Kinematik."

Aber es war, und dahinter kam man erst viel später, die Aerodynamik, die das Auto mehr zum Fliegen tendieren ließ. Kein Werkspilot wollte für den weißen Riesen „Labormaus" spielen.

Rennleiter Rico Steinemann wurde ausgeschickt, um welche zu finden. Er fand Dieter Quester und Hubert Hahne. Hahne fuhr nach drei Runden beachtliche 8:38 min und stieg etwas eingeschüchtert aus: „Welche Kraft! Man weiß nie, hast du den Dritten oder Fünften drinnen..." Dieter Quester gab zu, „sich zu fürchten."

Aber dann kam für die beiden BMW-Werkspiloten aus München der Befehl: Verzichtet auf diesen Porsche-Start!

Man trieb die Profis David Piper und Frank Gardner auf, die den intern „Geschwür" genannten 917 im 1 000 km Rennen auf Platz acht fuhren.

Bis Le Mans wurde die Kinematik der Vorderachse geändert. Während der abendlichen Trainingsfahrten kristallisierte sich heraus, daß die 917 mit beweglichen Heckklappen (mechanisch über die Radaufhängung gesteuert) weitaus richtungsstabiler waren und auch in den schnellen Kurven deutlich satter lagen als mit den arretierten Heckklappen, wie sie von der obersten Sportkommission CSI gefordert wurden. Die CSI ließ sich letztendlich überzeugen, daß hier ein Beitrag zur Sicherheit vorlag und ließ die beweglichen Heckklappen fürs Rennen wieder zu.

Le Mans 1969 ging als das Fünfviertelstunden-Rennen in die Geschichte ein. Fatal am Anfang, faszinierend in den Abendstunden, aufreibend langatmig in der Nacht, dahinplätschernd am Vormittag – Le Mans zeigte alle seine Gesichter. Doch erst in den letzten Fünfviertelstunden wurde es, was es um diese Zeit noch nie war: ein Rennen.

Hans Herrmann war 41. Nicht mehr taufrisch, aber ein reifer Mann, immer noch schnell, nie riskant, kein Autoschinder, vielmehr ein Pianist, der zart die Saiten seines Instruments anschlug, ein Professor für Langstrecken. 78 Minuten vor Schluß der 24 Stunden mußte er plötzlich schneller fahren, als ihm lieb war, um für Porsche noch etwas zu retten. Nach zwei Runden leuchtete am Armaturenbrett seines Porsche 908 das rote Brems-Warnlicht auf. Das hieß: Reibklötze am Ende, innerhalb von zwei Runden zum Wechseln an die Box.

Herrmann freilich fuhr noch die ganze letzte Stunde. Am Anfang der Geraden, im vierten und fünften Gang, konnte er sich im Windschatten des Ford GT40 halten, dann sogar vorstoßen. Da der Motor aber 400 Touren unter seiner Höchstdrehzahl blieb, zog Jacky Ickx im letzten Teil der Geraden wieder davon.

Um 13.10 Uhr, das konnte fast ein Einfall von Hitchcock gewesen sein, lief das Kampf-Duo Ickx-Herrmann ausgerechnet auf den Zweiten, John Wyer's Ford, auf, in dem Ickx'-Stallgefährte, Mike Hailwood, saß. Ickx kam vorbei, Herrmann mußte sich anstellen. „Zwei Porsche gegen einen Ford hätten aus der Situation genauso Kapital geschlagen", stellte Hans später klar. In Hailwoods Windschatten kam der 908 wieder auf Touren, bis über 8 000. So zog Hailwood den Porsche unbewußt wieder an Ickx heran. Zwölf Minuten vor Schluß führte Hans noch bei Start und Ziel, „aber auf der Bremse konnte ich nichts mehr riskieren." Mit einem feuchten Fleck im Tank, aber mit drei Sekunden Vorsprung, siegte Jacky Ickx, Co-Pilot war Jackie Oliver.

Man verlor zwar Le Mans, aber mit dem Dreiliter wurde die Marken-Weltmeisterschaft gewonnen: Porsche wurde in der Saison 1969 Weltmeister durch technischen k.o. Ein Jahr später war für den 917, der unter Rodriguez/Kinnunen und Siffert/Redman die 24 Stunden von Daytona gewann, auch in Le Mans Erntedankfest.

Porsche hatte für diesen ersten Le Mans-Gesamtsieg Berge versetzt; Attwood-Herrmann, die personifizierte Langstrecken-Intelligenz, holte den Sieg, den alle so lange herbeigesehnt hatten.

Für Herrmann war dieser Sieg der Höhepunkt seiner fast zwanzigjährigen Karriere, die er auf Porsche begonnen hatte, und an deren Ende er wie einen Leuchtturm diesen Sieg stellte.

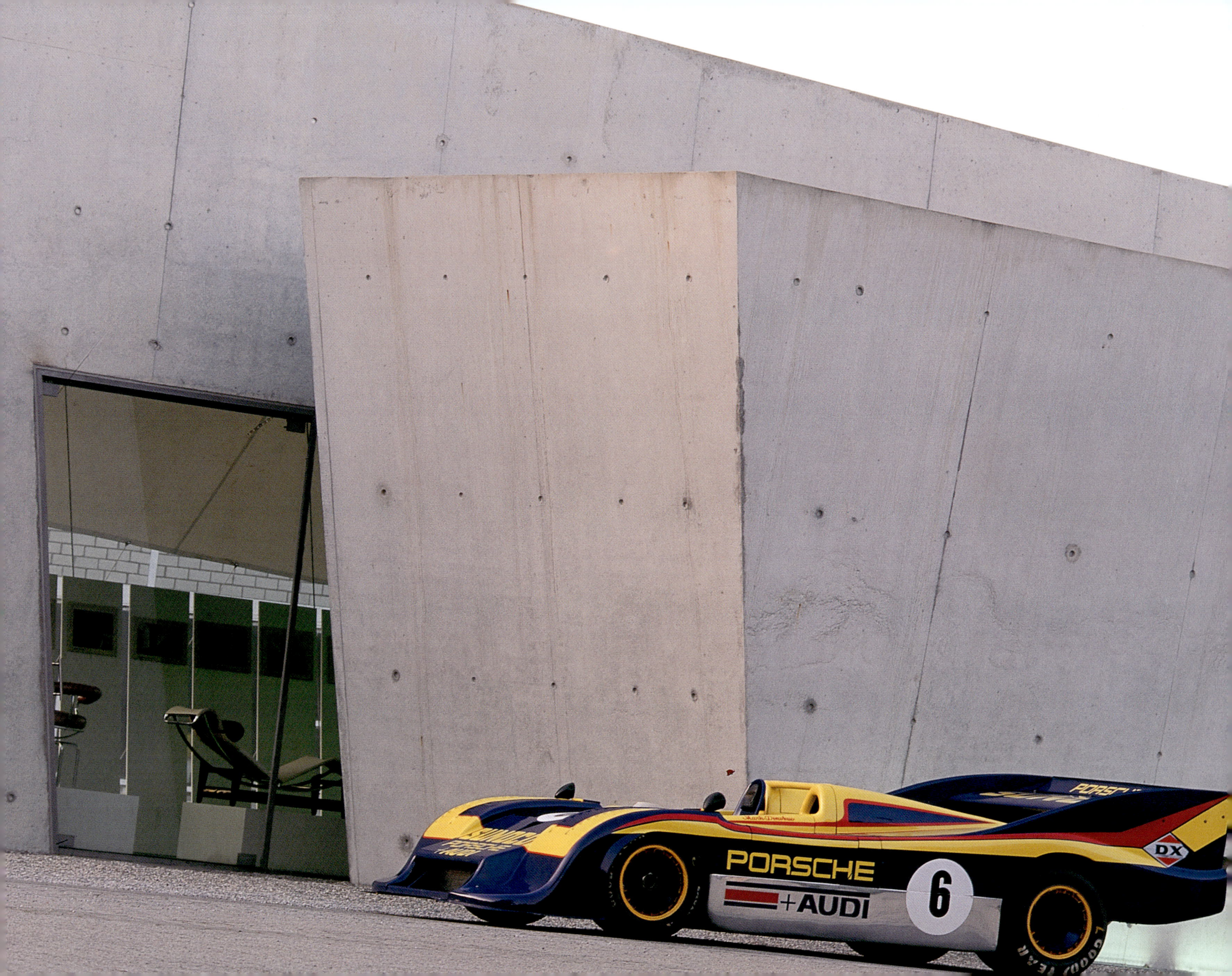
PORSCHE
+AUDI
6
DX

Zwei Turbolader säen die Gewalt in 5,4 Liter Hubraum

von Clauspeter Becker

917/30

150 ▪ 1
Der 917/30 ist das stärkste Stück Auto in der kraftvollen Geschichte von Porsche, in der Gewalttaten wie der 16-Zylinder-Rennwagen der Auto Union vorkommen

HANS MEZGER, GROSSMEISTER DES RENNMOTORENBAUS bei Porsche, hat diese Geschichte oft und gern erzählt, als sie hinlänglich verjährt war.

Ein kühler sauerstoffreicher Morgen sei es gewesen, berichtet er, und der 5,4 Liter-Zwölfzylinder auf dem Prüfstand habe sich durchaus korrekt betragen. „Wir wollten kurz noch mal die Leistung messen, bevor der Motor dann per Luftfracht zu Roger Penske geht nach Amerika", führt Mezger nun mit deutlich höherem Ladedruck in der Stimme weiter aus, „als wir dann aber endlich bei Nenndrehzahl und voller Last die höchste Leistung bremsen, zuckt der Zeiger weit über alle je gemessenen Werte nach oben. Für Bruchteile von Sekunden leistet der Motor 1 450 PS. Schuld an der Leistungsexplosion ist ein Defekt. Die Ladedruckregelung hat versagt. Normalerweise überlebt sowas kein Motor, aber der Zwölfzylinder lief auch danach einwandfrei."

Das Triebwerk des Porsche 917/30 qualifizierte sich damit als der bis heute stärkste Motor für Rennautos im ursprünglichen Sinn: Daß Race-Trucks und auch Dragster heute stärker sind, läßt sich mit angemessener Verachtung akzeptieren.

Die angeborene Überlegenheit des Zwölfzylindermotors für den 917 gehört zu jenen eindrucksvollen Werken, die ein Ferdinand Piëch bei seinem lebenslangen Streben nach absoluter Größe fordert. Die Sportgesetze dieser Zeit unterstützen den kühnen Plan, denn sie erlauben den Rennsportwagen statt drei Liter nun fünf Liter Hubraum.

Die Konstruktion des flachen, luftgekühlten Kraftwerks reift ab dem Sommer 1968. Auf den ersten Blick wirkt die Maschine wie die Verdoppelung des Sechszylinder-Boxermotors, was dadurch unterstrichen wird, daß die Kraft für den Antrieb in der Mitte der langen Kurbelwelle und nicht wie sonst an deren Ende abgenommen wird.

Tatsächlich aber ist dieser flache Porschemotor in seinem Kern kein wirklicher Verwandter der im Hause heimischen Boxer-Familie mit vier, mit sechs oder mit acht Zylindern. Auf der Kurbelwelle des Zwölfzylinders umfassen die Pleuel gegenüberliegender Zylinder nicht zwei versetzte sondern einen gemeinsamen Hubzapfen. Diese Vereinfachung hat den Vorteil, daß die Zahl der Kurbelwellenhauptlager von 14 auf acht reduziert werden kann, was einer Senkung der Reibungsverluste dienlich ist. Damit verschwindet allerdings die gegenläufige Eigenart des Boxens der Kolbenpaare beim Boxermotor. Darum verweisen die Techniker diese vereinfachte Bauweise in das bürgerliche Lager der V-Motoren, was in Anbetracht von 180 Grad Zylinderwinkel alles andere als offensichtlich ist.

Als der Zwölfzylinder seine Karriere mit 4,5 Litern Arbeitsvolumen aber noch ohne Turbolader beginnt, sind 560 PS bei 8 300/min im Spiel. Der Hubraum steigt im Laufe der Entwicklung auf 5,4 Liter, die Leistung folgt dem Trend auf 660 PS bei 8 300/min.

Am Anfang kostet der in einer Mini-Serie von 35 Stück gebaute Porsche 917 soviel wie heute ein 911 mit Sportpaket: 140 000 Mark. Den Gegenwert nannten die Fahrer damals eher erschütternd, die Fahreigenschaften des Urtyps galten als schauerlich. Viel Feinarbeit ist nötig, um das Auto

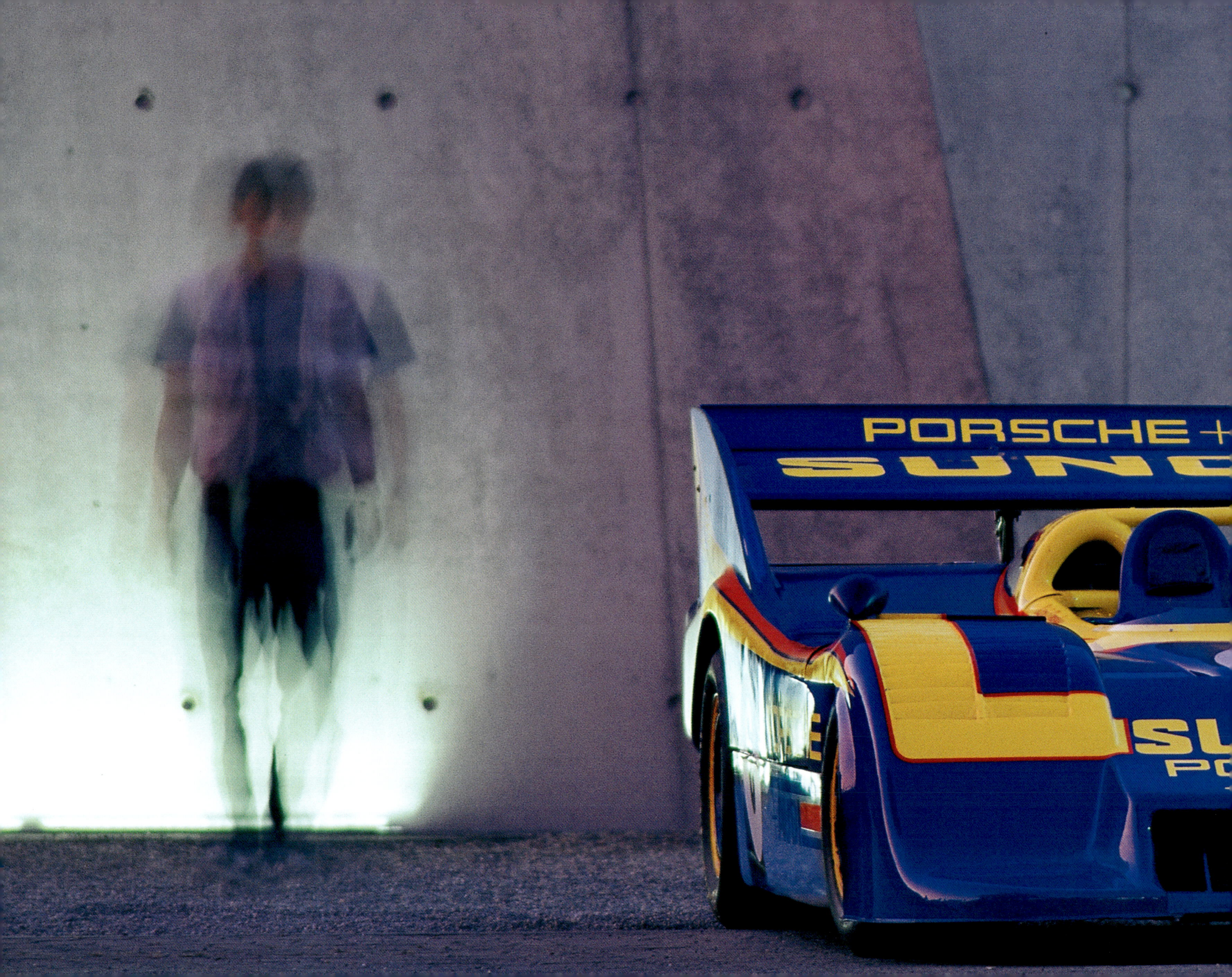
PORSCHE +
SUN
SU

153 ▪ 1

153 ▪ 1
Durch ein großes rundes Loch in seiner Haube saugt der Turbomotor Kühlluft für die zwölf Zylinder an, die mehr als 1 100 PS freisetzen und pro Kilometer einen Liter Benzin verheizen

152 ▪ 1
Die tief heruntergezogene Schnauze und der mächtige Heckflügel erzeugen Abtrieb, der den CanAm-Porsche auf die Straße preßt.
Das erhöht den Luftwiderstand, und ein Teil der Leistung wird in Bodenhaftung umgesetzt

154 ▪ 1

154 ▪ 2

154 ▪ 3

154 ▪ 4

154 ▪ 1

Die Sicherheitstanks des Porsche 917/30 können bis zu 400 Liter Flugzeugbenzin fassen. Dieser Vorrat reicht für 400 Kilometer im Renntempo

154 ▪ 2

1 100 PS und 1 100 Newtonmeter fließen über stattliche Reifen auf die Straße. Die hinteren Pneus sind 370 Millimeter breit, ein mächtiges Maß im Jahr 1973

154 ▪ 3

Der Rahmen des 917/30 ist noch ein klassisches Rohrgerüst, das aus leichtem Magnesium besteht. Zur damals jungen Technik des Monocoques findet Porsche erst später

154 ▪ 4

Im Cockpit umgibt den Fahrer strenger Maschinenbau. Der Drehzahlmesser, bis auf die Zahlen ganz im Stil des Elfers schlägt die Brücke zu den Serienautos von Porsche

155 ▪ 1

Die 19 Zoll breiten Hinterradfelgen tragen Radkappen mit Ventilatorflügeln zur Kühlung der Bremse. Links vom dicken Auspuffrohr liegt das Waste Gate, das ganz nach Leistungbedarf den Ladedruck regelt

155 ■ 1

nachträglich zu bändigen. Danach jedoch ist der 917 auf ganz andere Weise kaum zu halten. Er gewinnt, wie er will und erlöst Porsche in Europa endgültig aus der Rolle eines *Underdog*, der mit unterlegenen Autos erstaunliche Erfolge heimfährt.

Werksteam und Privatfahrer sind nun kaum angefochten auf der Siegerstraße: 1969 Zweiter in Le Mans, 1970 endlich Sieger. Die Markenweltmeisterschaft wird souverän gewonnen. Aber das Ende des *Powerplays* kommt in Europa ganz unweigerlich. Der Hubraum für die Teilnehmer der Markenweltmeisterschaft wird wieder reduziert.

Also plant Porsche die nächste Erfolgsserie dort, wo ohnehin die meisten Autos verkauft werden: in Amerika. Die CanAm-Serie für wenig eingeschränkte „zweisitzige“ Sportwagen scheint die richtige Herausforderung zu sein.

Was dort fährt, zählt zur robusten amerikanischen *Low-Tech*: Sportwagen mit stählernen Gitterrohrrahmen, getrieben von V8-Maschinen schlichter amerikanischer Provenienz: 8,2 Liter Hubraum, das Gehäuse ausnahmsweise aus Aluminium.

Mit einem ungeladenen 917 Spyder hat 1971 Jo Siffert keine Chance, im ballernden Jurassic-Park der CanAm-Serie gut abzuschneiden. Aber in Weissach ist Hans Mezger fleißig mit dem nächsten Leistungsschub beschäftigt. Untersucht werden zwei Wege zur Kraft: Der eine ist eher konventionell, weil er die nächste Stufe der Hubraumerweiterung über vier zusätzliche Einheiten als Sechzehnzylinder anstrebt, wie ihn knapp 40 Jahre zuvor Ferdinand Porsche für die Auto Union konzipierte. Doch die Versuchung, die Vergangenheit aufs Neue zu beschwören, wurde in der Prüfstandspraxis schnell vereitelt. Denn was die fortschrittliche Alternative, ein Zwölfzylinder mit zwei Turboladern, auf die Bremse schiebt, liegt mit 850 PS weit über den 655 PS des komplizierten Kollegen mit vier mal vier Zylindern.

Das Team von Roger Penske setzt 1972 zunächst einen 917/10 mit Marc Donohue bei der CanAm-Serie ein. Als Marc verunglückt, springt George Follmer für ihn ein und beendet die Saison in Riverside als Champion.

Obwohl die Porsche gegenüber allen Konkurrenten – McLaren, Lola, Shadow und Ferrari – haushoch überlegen waren, erinnert sich Renningenieur Norbert Singer an gewisse Sorgen im Winter nach der ersten CanAm-Saison: „Zum einen brauchten wir mit der hohen Leistung ein stabileres Fahrverhalten. Also haben wir erstmals in der Geschichte von Porsche darüber nachgedacht, den Radstand über das Maß von 2 300 Millimetern hinaus zu vergrößern. Ferner hätten wir in der Spitzengeschwindigkeit gerne etwas mehr Distanz zu den McLaren gewonnen.“

Die Fitnesskur findet in Südfrankreich auf der Rennstrecke von Le Castellet statt. Für die Fahrwerksversuche

156 ▪ 1
Da alle Konkurrenten vom Porsche 917/30 nur dieses eindrucksvolle Heck zu sehen bekamen, machte das amerikanische Sportgesetz Schluß mit dem Powerplay der Turbomotoren jenseits von 1 000 PS. Den Porsche traf das Urteil vieler Sieger: Museum, lebenslänglich

156 ▪ 1

hat das Team eine Verlängerungsbrücke dabei, die zwischen Fahrer und Motor in den Gitterrohrrahmen aus Magnesium eingesetzt werden kann, was eine Verlängerung des Radstandes um 200 Millimeter möglich macht.

Nach einem Testfahrprogramm mit dem alten, kurzen Radstand und dem neuen starken Motor mit 5,4 Litern und nominell 1 100 PS gibt es für die Spätschicht eine Menge Arbeit: Der Motor muß ausgebaut werden, das Chassis wird zerlegt, die Verlängerungsbrücke kommt an ihren Platz. Die nächste Testfahrt bringt herrliche Zeiten und Norbert Singer noch weit mehr Grund sich zu freuen: „Die Richtungsstabilität wurde sehr viel besser, das Einlenkverhalten war nicht weniger agil als vorher, und am Limit in den Kurven ließ sich das Auto nun viel leichter beherrschen. Danach geht das Team die Verwirklichung einer höheren *Top-speed* an.

Norbert Singer: „Wir wußten recht genau, was da zu tun ist, nach all den Langheckversionen in der Vergangenheit. Aber wir waren auf eine so schnelle Lösung gar nicht vorbereitet und hatten keine fertigen Teile dabei.“ Also werden die nötigen Hilfsrahmen vor Ort aus Leichtmetallrohr geschweißt. Das Alublech für die provisorischen Karosserieteile kommt aus dem lokalen Metallhandel. Die endgültige Formgebung schildert Singer als handwerkliches Abenteuer: „Die Teile wurden über einer Leitplanke, so gut es eben geht, in die gewünschte Form getrieben. Einen Schönheitspreis hätten wir für die Arbeit nie bekommen. Aber als alles montiert war, stimmte die Rechnung. Der 917/30 lief nun deutlich schneller.“

Um die Schönheit der Autos kümmert sich ohnehin sehr intensiv das amerikanische Team. Dazu Roger Penske: „Porsche baut zwar technisch perfekte Autos, aber das Finish entspricht nicht meinen Vorstellungen. Also lasse ich sie demontieren, den Rahmen und alle anderen blanken Teile polieren und sehr akkurat wieder zusammenbauen.“

Entsprechend elegant und mit der Top-speed von 385 km/h gehen die Porsche in die zweite CanAm-Saison. Die Leistung wird offiziell mit 1 100 PS bei 7 800/min angegeben. Das Drehmoment läßt uns erschauern mit seinen 1 010 Newtonmetern bei 6 400/min. Bei so viel Schub reicht hier ein Vierganggetriebe mit sehr breiten Zahnrädern allerdings und äußerst soliden Synchronkörpern. Da sich mit der Gewalt des Motors so gut wie jede Kurve driftend nehmen läßt, wird auf den bürgerlichen Luxus eines Differentials verzichtet.

Der Zugewinn an Leistung und Tempo reicht aus, die schnellen McLaren mit dem 8,2 Liter Chevy-Alu-Motor noch klarer als bisher zu distanzieren. Marc Donohue gewinnt in der CanAm-Serie 1973 sechs von zehn Rennen und wird mit deutlichem Abstand Meister. Porsche 917 belegen bei der Endabrechnung des Championats die ersten vier Plätze und noch den sechsten Platz. Die klare Überlegenheit besiegelt das Schicksal der Turbotechnik und damit auch das von Porsche in der CanAm-Serie. Das Reglement wird abgeändert, die Turbo-Tiger fliegen raus. Die amerikanischen Konstruktionen mit den ballernden *Big Block-Engines* sind wieder unter sich. Mit den Porsche 917/30 waren 1973 im Jahr der ersten Ölkrise die schlimmsten Säufer jener Zeiten von den Rennstrecken verbannt. Denn so ein Turbomotor trank auch in Rennabstimmung mit 1 000 bis 1 100 PS locker einen Liter *Aviation-Gas* pro Kilometer, also war der 400 Liter-Tank nach 400 Kilometern oder meist nur knapp zwei Stunden leer.

Zwei Jahre später 1975 darf Mark Donohue noch einmal zeigen, was in einem Porsche 917/30 wirklich steckt. Er fährt in Talladega (Alabama) eine schnellste Runde mit dem Durchschnitt von 355,85 km/h.

Zum 20. Jubiläum reiste der Porsche 917/30 mit dem Sunoco-Dekor erneut nach USA. Hans Joachim Stuck fuhr ihn mit viel Vergnügen zu einem Sieg beim *Classic-Race* von Laguna Seca. Nach einem beherzten Ritt über den winkligen Parcours gibt Stuck zu verstehen, wie er es bedauert, daß er 20 Jahre früher nicht schon CanAm-Rennen fuhr. „Ich wußte es schon immer“, sagt er nach dem Sieg, „ein Auto braucht mindesten 1 000 PS, um wirklich gut und sicher zu sein.“

PORSCHE

Ein Monster schlüpft durch die Maschen des Gesetzes

von Clauspeter Becker

935

158 ▪ 1

Der Porsche 935 „Moby Dick“ bekam seinen Spitznamen wegen der Figur. Als er mit seiner breiten und niedrigen Karosserie den Rohbau ganz in Weiß verließ, wirkte er wie der legendäre weiße Wal

DIE ERINNERUNGEN des Schweizer Rennfahrers Manfred Schurti an Moby Dick und die 24 Stunden von Le Mans lassen auch viel später noch einen gewissen Grad von Ergriffenheit erkennen: „Bei Tempo 366 auf der Mulsanne hilft dir nur noch eins: tapfer auf dem Gas bleiben.“

Diese offizielle Messung des Automobile Club de l'Ouest bestätigt den Porsche 935 „Moby Dick“ als schnellstes Mitglied aller Zeiten in der forschen Familie der Elfer. Denn als ein Porsche 911 ist die Bestie aus der Rennabteilung immer noch zu erkennen.

Aber der Weg zu dieser Topform ist alles andere als eine Gerade wie jene von Mulsanne. Die Erschaffung des ultimativen 911 der Siebzigerjahre gleicht kurz vor dem Ziel einem Slalom durch die Paragraphen des Sportgesetzes.

Geradlinig ist allenfalls der Anfang. Denn in den späten Siebzigerjahren wahren die Typbezeichnungen von Porsche noch sehr korrekte Steigerungsformen: 924, das ist das neue Vierzylinder-Modell, 928 bezeichnet sehr logisch den starken Typ mit Achtzylinder. Im Kreise der potenten Elfer definiert die Codezahl 930 den serienmäßigen Porsche Turbo, der sich als äußerst steigerungsfähig zeigt. Denn unter der Nummer 934 ist er als seriennahes Wettbewerbsauto der Gruppe 4 bei den Spezial Grand Tourisme anzutreffen. Als 935 zählt er ganz klar zur wilden Sorte einer Gruppe 5, die für Sportwagen ausgeschrieben ist, deren Ähnlichkeit mit der Serie allerdings nicht ganz zufällig sein darf. Die Krönung aller Sportlichkeit bildet der 936, ein Sportprototyp der Gruppe 6, ein offener Rennsportwagen ohne Bindung zur Serie mit dem Turbomotor mittschiffs.

Porsche 934 und 935 können ab 1976 von Rennfahrern erworben werden. Der zahmere 934 mobilisiert aus den beim Turbo damals üblichen drei Litern Hubraum mit einem Lader zunächst 485 PS und später 580 PS. Damit läuft der 1 150 Kilo schwere Wagen ordentlich, und er ist für 108 000 Mark aus heutiger Sicht ein wohlfeiler Gelegenheitskauf.

Als wirklich strammer Max aber gilt in jenen Tagen der 935, der nicht nur deutlich teurer, sondern auch mit zwei Turboladern und vielen anderen *Goodies* mehr, ein weit konsequenteres Renngerät darstellt. Die sehr entwicklungsfähige Basisleistung des Biturbo-Motors mit dem aus Gründen des Reglements auf 2 806 ccm verkleinerten Hubraum wird vorsichtig mit 590 PS beziffert.

Daß bei der Markenweltmeisterschaft für Automobile 1976 mehr Power im Spiel gewesen ist, liegt nicht zuletzt am sogenannten Dampfrad, mit dem der mutige Pilot den maximalen Ladedruck erhöhen konnte. Lothar Boschen und Jürgen Barth outeten in ihrem „Großen Buch der Porsche-Typen“, die Wirkung dieses Instruments mit der einfachen Formel: 0,1 bar mehr Ladedruck ergibt 50 PS Zuschlag.

Mit dem entsprechenden Druck wird der Porsche 935 schon in dieser, seiner ersten Saison Weltmeister der Produktionswagen. Bei den Sportwagen holt sich der 936 Spyder mit offener Karosserie und ganz ähnlicher Antriebstechnik den Weltmeistertitel bei den Sportwagen. Dazu gewinnen Jacky Ickx und Gijs van Lennep mit einem solchen Spyder auch noch die 24 Stunden von Le Mans.

Wie heute noch, so werden auch die Rennen vor 20 Jahren nicht allein auf der Strecke gewonnen, sondern bisweilen

160 ■ 1

161▪1

160▪1
Von der Karosserie des Porsche 935 bleibt beim Moby Dick nur der harte Kern aus Stahlblech übrig. Kotflügel, Hauben und Aerodynamik-Teile baute die Rennabteilung aus Kunststoff

161▪1
Von der Seite zeigt Moby Dick die zweite Perspektive eines Wals, die Karosserie streckte sich eines geringen Luftwiderstandes wegen auf eine Länge von fast 4,90 Metern

162 ■ 1

162 ▪ 1
Der zügige Umgang mit reichlich 900 PS erforderte mächtige Reifendimensionen, die ein Wachstum der Breite des Moby Dick auf 1,99 Meter mit sich brachten

163 ▪ 1
Der Sechszylinder-Boxermotor mit den zwei Turboladern behielt zwar luftgekühlte Zylinder, die Zylinderköpfe mit der Vierventiltechnik aber waren erstmals durch Flüssigkeit gekühlt

163 ▪ 2
Neben dem Wasserkühler für die neuen Zylinderköpfe hatte Moby Dick auch einen Kühler für die Ladeluft aus den beiden großen Turboladern

163 ▪ 2

163 ▪ 1

auch zuvor schon bei der trickreichen Auslegung des Reglements. Das gilt besonders in der Gruppe 5, die für sogenannte Silhouette-Cars ausgeschrieben ist, die eine weite technische Freiheit unter einer Karosserie genießen, die in gewissen Zügen wenigstens die Form der Serie zu wahren hat.

Porsche hat seinerzeit noch rechte Mühe, die flache Schnauze an der Karosserie des Elfers durchzusetzen. Die Konkurrenz bei BMW hadert mit der FIA wegen der rigiden Unantastbarkeit der Schweller unter den Türen, denn durch den rechten der beiden möchte man einen Tunnel für den Auspuff legen.

Dies Anliegen wird in der üblichen Form mit dem Schrei nach Gerechtigkeit vorgetragen. So plädieren die Advokaten von BMW, man habe wegen des Frontmotors einen unfairen Nachteil gegenüber Porsche, ganz einfach sei es, den Auspuff ideal zu verlegen.

Ein weises Urteil der Kommission in Paris erlaubt den Tunnel und gibt die Änderung des Schwellers frei. Und BMW kann nun endlich die Karosserie des Renncoupés CSL gehörig tiefer legen.

Bei Porsche vernimmt Renningenieur Norbert Singer die Botschaft keineswegs mit Schrecken. Denn ihm ist augenblicklich klar: Die neue Freiheit nützt auch Porsche. Er macht aus seiner Rennabteilung kurzfristig eine Trennabteilung.

„Wir haben nicht nur die Schweller weggeschnitten", kommentiert Singer das, was seine Leute im Sommer 1977 wagten, „wir haben in dieser Höhe einfach eine ganze Scheibe aus der Karosserie genommen." Um knappe 20 Zentimeter wird die Elfer-Karosse niedriger, doch seit der Änderung des Reglements zu Gunsten von BMW kann kein Kommissar mehr etwas gegen die Änderung am Porsche vorbringen

Solange die zum Flachmann umgearbeitete 911-Karosserie in Arbeitshöhe auf den Montageböcken steht, wirkt sie auf alle in der Rennabteilung zwar deutlich niedriger und ziemlich breit, aber nicht wirklich ungewöhnlich.

„Als wir den fertigen Wagen heruntergelassen haben und er so ganz in weiß, unheimlich flach und ziemlich breit auf seinen Reifen stand", erinnert sich amüsiert Norbert Singer, „da wirkte er auf uns alle wie ein weißer Wal, und einer in der Runde staunte: Das ist ja Moby Dick. Klar, damit hatte unser neues Auto seinen Namen weg."

Ganz nach der Art der Wale zeigt sich der Porsche an seinem ganzen Körper strömungsgünstig. Vorn teilt er mit breiter Frontschürze eindrucksvoll den Fahrtwind. Hinten trägt er, wie sich das für einen Wal gehört, die breite Flanke. Dieser Heckflügel hat größere Dimensionen, als sie je ein Rennporsche mit der Karosserie des Elfers zeigte. Sinn und Zweck der auffälligen aerodynamischen Hilfsmittel ist keineswegs geringer Luftwiderstand, sondern ein kräftiger Abtrieb, der die Bodenhaftung mit zunehmender Geschwindigkeit gehörig steigert, damit Geradeauslauf und Seitenführung bei Tempo 366 nicht ganz dem Zufall überlassen bleiben. Die aerodynamische Verbesserung der Bodenhaftung und der Straßenlage ist seinerzeit ausschließlich ein Spiel über die Flügel.

Dazu Norbert Singer: „Die Ausnutzung des Bodeneffekts durch eine entsprechende Gestaltung der Unterseite des Wagens zur künstlichen Erzeugung von Unterdruck an dieser Stelle lernten wir erst später beherrschen."

Unter der flachgemachten, aber stark beflügelten Karosserie des Moby Dick sprießt eine Menge neue Technik. Durch die Amputation der Schweller sind tragende Elemente weggefallen, also gilt es für die Techniker, dem Rennwagen ein stützendes Korsett anzupassen. Darum verästeln sie den ohnehin vorhandenen Überrollkäfig nach unten hin zu einem kompletten Rahmen und nehmen sich in diesem Zuge auch die Radaufhängungen vor. Zwar fordert ein scheinbar strenges Sportgesetz für diese Teile die Wahrung des Prinzips, aber die generelle Freiheit für Federn und Dämpfer macht vieles möglich. Also verschwinden die Drehstäbe der Serie.

„Denn mit denen waren wir ohnehin am Ende unsere

164 ▪ 1

164 ▪ 1/165 ▪ 1
Mit 366 Kilometern in der Stunde war Moby Dick der schnellste Wal auf der Mulsanne-Geraden bei den 24 Stunden von Le Mans 1978

165 ▪ 1

Möglichkeiten", erläutert Norbert Singer, „so dicke Drehstäbe, wie wir sie für die harte Rennabstimmung brauchten, paßten nicht mehr zu den übrigen Elementen der Hinterachskonstruktion." An die Stelle der schweren und stählernen Torsionsstäbe treten leichte Schraubenfedern aus Titan, die auf leichtmetallenen Bilstein-Gasdruckdämpfern über ein Gewinde einstellbar montiert sind. Die Abstimmung des Fahrwerks wird so durch die Möglichkeit der raschen Korrektur der Höhe und der Federrate zu einer kurzen Routinearbeit an der Box. Die grundsätzliche Konstruktion aber bleibt erhalten. Die Vorderräder führt weiterhin eine McPherson-Konstruktion, den Kurs der Hinterräder bestimmen gründlich veränderte Schräglenker aus Aluminium.

Noch ohne jedes Limit in den Sportgesetzen trägt Moby Dick das laufende Gut seiner Räder und Reifen bereits vor 20 Jahren in ganz stolzer Größe. Die vorderen Felgen der Dimension 11 x 16 sind mit Rennreifen des Formats 275/600 - 16 bestückt. Hinten, wo das Turbotriebwerk seine Kräfte spielen läßt, liegt die Felgenbreite bei 15 Zoll und der Durchmesser bei richtungweisenden 19 Zoll. Entsprechend zeigen die Reifen eine gehörige Breitseite: 350/700-19. (Zum Verständnis der Renndimensionen: 275 oder 350 bezeichnen die Breite in Millimeter; 600 oder 700 nennen den Außendurchmesser in Millimeter)

Die flachere Karosserie mit dem keineswegs niedrigen Luftwiderstand und auch das angeschärfte Fahrwerk sind bei weitem nicht die Mittel, einen Porsche 911 auf Tempo 366 zu katapultieren. Dazu ist eine Revolution im Heck erforderlich, die, wie wir heute wissen, knappe 20 Jahre braucht, um vom Rennauto in die Serie vorzudringen.

Ausgehend von der Gewißheit, daß vier Ventile pro Zylinder allemal besser sind als zwei, beschäftigen sich die Porsche-Techniker schon früh in den Siebzigerjahren mit der Verdoppelung der Ventilzahl. Erste luftgekühlte Vierventil-Zylinderköpfe aber zeigen, daß diese, bei Rennmotorrädern damals noch erfolgreiche Bauweise, für die thermische Belastung eines Rennmotors im Auto – zumal mit Turbolader – nicht geeignet ist. Denn beim Vierventiler gibt es wegen der doppelten Anzahl der Kanäle nicht mehr genügend Platz für die erforderlichen Kühlrippen zum Abtransport der Wärme.

Also riskieren die Motorenbauer von Weissach seinerzeit den ersten Schritt weg vom traditionellen Pfad der Luftkühlung. Sie konstruieren wassergekühlte Zylinderköpfe mit zwei obenliegenden Nockenwellen und vier Ventilen pro Brennraum. Das erste Versuchskaninchen für die neue Technik ist ein dem feuchten Element ohnehin verbundenes Wesen, Moby Dick, der weiße Wal.

Die Rennabteilung komponiert zu den nassen Zylinderköpfen einen gewaltverdächtigen Rumpfmotor. Bei 95,7 Millimeter Bohrung und 74,4 Millimeter Hub ergeben sich 3 211 Kubikzentimeter Hubraum. Die sechs einzelnen Zylinder werden weiterhin über ein horizontal rotierendes Gebläse mit Luft gekühlt. Zwei Turbolader von KKK (Kühnle, Kopp und Kausch in Frankenthal) fördern die Luft über Ladeluftkühler mit Drücken oberhalb von zwei bar in die Zylinder. Die geometrische Verdichtung bleibt mit 6,5 :1 relativ niedrig.

Doch weil die Turbolader weit mehr Luft in die Brennräume schaffen, als ein frei ansaugender Motor einatmen kann, ist die effektive Verdichtung erheblich höher und klar oberhalb von 10 : 1.

Die technischen Unterlagen dieses Motors weisen in der Rubrik Leistung allfällige Streichungen auf. Der letzte Stand der Korrekturen zeigt den Wert 845 PS bei 8 200/min. Doch dazu sagt Norbert Singer 20 Jahre später: „Schreiben Sie ruhig 900, übertrieben ist das auf keinen Fall."

Diese schiere Gewalt verschmilzt im Moby Dick aufs Allerfeinste mit den 1 025 Kilogramm des gründlich ausgeräumten Elfers zu fulminanten Fahrleistungen. Nur ist das Fahrerlebnis eben bei dem hohen Tempo, wie Schurti das so klar geschildert hat, etwas ehrfurchtgebietend, was ursächlich damit zusammenhängt, daß alle Änderungen rund ums Chassis am originalen Radstand von 2 279 Millimetern spurlos vorüber gegangen sind. Doch in der Kraft von Moby Dick stecken nicht nur gewisse Risiken, sondern auch eindeutige Nebenwirkungen. Ein 120 Liter-Tank deutet hier nur vage an, wie es um den Durst des weißen Wals bestellt ist. Denn tatsächlich reicht der große Vorrat noch nicht einmal für 200 Kilometer Renndistanz, was je nach Kurs einer knappen oder starken Stunde Fahrzeit entspricht.

Bei der Beschreibung der Kraftübertragung weckt das Datenblatt den dringenden Verdacht eines technischen Irrtums. Vierganggetriebe steht dort unbekümmert, was für ein Auto, das 366 km/h läuft, ziemlich ungewöhnlich wirkt.

Im Renneinsatz aber gibt es wenig Klagen über die geringe Zahl der Gänge, die den Super-Porsche nicht vom Volkswagen-Käfer unterscheidet. Der Grund dafür ist ein bemerkenswert elastischer Rennmotor mit einer wahren Wucht an Drehmoment. 736 gewaltige Newtonmeter stemmt ein hoher Arbeitsdruck bei 5 600 Touren auf die Kurbelwelle des Boxermotors. Mit soviel Schub und dem breiten nutzbaren Drehzahlband läßt es sich gut auch mit vier Gängen Rennen fahren. Erstaunlich ist in Anbetracht des groben Kräftespiels, daß eine Einscheibenkupplung mit Sinterbelägen dem Ansturm von 736 Newtonmetern offenbar gut gewachsen ist.

Auch weiter im Verlauf der Kraft im Antriebsstrang findet man Beispiele der Einfachheit, die manchmal an die Grenze des Brutalen reichen. So unterscheidet sich ein Moby Dick von der Mehrheit der schnellen und der bürgerlichen Autos dadurch, daß er ganz einfach kein Differential besitzt. Stattdessen hat er einen starren Durchtrieb. Die unweigerliche Verspannung in den Kurven im Achsantrieb zwischen den Rädern nehmen die Techniker zugunsten der Wirkung eines absoluten Sperrdifferentials ganz gern in Kauf. Denn die Traktion ist mit diesen herben Mitteln trotz des mächtigen Drehmoments bestens. Außerdem mindert der rigide Antrieb die Neigung des potenten Heckmotor-Autos zu übersteuern, weil er einer Tendenz zum Untersteuern dienlich ist.

Probleme mit dem starren Durchtrieb haben eher die Mechaniker, wenn sie das Auto auf dem engen Raum einer Boxengasse oder eines Fahrerlagers rangieren müssen. Denn solange nicht das volle Drehmoment an den Hinterreifen reißt, ist der Wendekreis dieses Porsche 935 bei weitem größer als der des leibhaftigen weißen Wals.

Der Moby Dick von 1977/78 geht als der schnellste Porsche im Gewande eines 911 in die Geschichte ein. Denn in den folgenden 20 Jahren zeigt sich kein Stärkerer, was weniger an den Porsche-Technikern, wohl aber an den strengen, der Sicherheit zuliebe restriktiven Sportgesetzen liegt.

Aber die Erfolgsbilanz des stärksten und in der Folge auch berühmtesten Porsche 935 entspricht so ganz und gar nicht seinem Ruf wie Donnerhall. Da Porsche den Kampf um die Markenweltmeisterschaft 1978 den Privatfahrern überläßt, bleibt Moby Dick das Auto für besondere Rennen. Von denen allerdings kann er nur eines mit Erfolg beenden.

Jacky Ickx und Jochen Mass gewinnen mit ihm das Sechsstunden-Rennen im englischen Silverstone. Doch bei den 24 Stunden von Le Mans bleibt Moby Dick die anvisierte Heldentat versagt. Von technischen Problemen nachhaltig geplagt, bringen Rolf Stommelen und Manfred Schurti das flache Coupé nur auf den achten Platz. Und danach ist der weiße Wal nicht mehr die erste Wahl. Moby Dick wird im Museum eingekerkert. Die Rennen gewinnen fortan und noch bis 1981 bei weitem weniger aufwendige und luftgekühlte Porsche 935.

Der Virus einer Wasserkühlung aber hat seit dem Moby Dick nun auch den klassischen 911 befallen. In dessen Serienproduktion ausbreiten wird er sich erst 20 Jahre später.

Zwei Drittel vom Limit

von Rolf Kunkel

NEBEN DER LEEREN TRIBÜNE des „Circuit du Val de Vienne“ mitten im gewellten Wiesenplateau Mittelfrankreichs parkt einsam ein Rettungswagen, besetzt mit einem Chirurgen und zwei Sanitätern. Ein halbes Dutzend Rennkomissare haben entlang der Strecke Positionen genommen, und oben im Tower wird jeder Meter Asphalt auf Monitoren überwacht. Man kann nie wissen, was passiert, wenn einer der schnellsten je gebauten Rennsportwagen auf die Piste geht.

Zehn Jahre lang stand der weiß-blau-rote Renner mit der Startnummer 17 bewegungslos im Zuffenhausener Porsche-Museum. „Nun soll er mal wieder Einsatz zeigen“, sagt Museumsleiter Klaus Bischof, der selbst an den Einsätzen des Wagens beteiligt war und ihn keine Minute aus den Augen läßt. Er spricht von einem legendären Boliden, der in jeder Hinsicht Maßstäbe setzte und die Vorstellung von Höchstgeschwindigkeit in den 80er Jahren verkörperte. „Allein das Motorgeräusch zu hören, ist die Reise wert.“

Dies ist nicht die gezähmte Straßenversion des 962. Dies ist das Original. Das Siegerauto von Le Mans 1987. 680 PS stark und so schnell, daß man in einer Autobahnstunde 350 Kilometer schafft. Gefahren von Derek Bell, Hans-Joachim Stuck und Al Holbert, die damals im Ziel überragende 20 Runden Vorsprung vor den Zweitplazierten hatten. Es war Porsches wohl schönster Le Mans-Erfolg, weil er nach katastrophalem Rennauftakt am wenigsten vorherzusehen war.

In der geschlossenen Coupé-Form, die die vielen Windkanalstunden verrät, sieht der Flachmann mit seinen 17 Zoll breiten Dunlop-Walzen und dem typischen Le Mans-Langheck auch heute noch wie ein richtiges Rennauto aus. Insgesamt 176 Exemplare wurden davon gebaut und an Privatkunden verkauft, zuletzt zu einem Stückpreis von 1,5 Millionen Mark.

Mehrere Mechaniker von damals sind da, ehemalige Fahrer, wie Harald Grohs – „ich habe so viele schöne Erinnerungen an den 962“ –, und natürlich fehlt auch der silberhaarige Konstrukteur, Norbert Singer, nicht, der wohlgefällig auf sein Meisterwerk blickt, mit dem er 1982 nach nur neunmonatiger Entwicklungszeit in Le Mans an den Start ging und auf Anhieb die ersten drei Plätze belegte. Sowas hatte es nie zuvor gegeben. Die Erinnerung daran, wie *sein* Auto der Konkurrenz ein ums andere Mal davonfuhr, ringt ihm ein Schmunzeln ab. „Na ja, wir waren den anderen in Sachen Aerodynamik wohl etwas überlegen.“

Die Strecke ist 3,7 Kilometer lang, kurvenreich, unübersichtlich. Porsche-Werksfahrer Bob Wollek findet sie prima.

Bob, vor 54 Jahren in Straßburg geboren und einer der letzten Dinosaurier des Rennsports, soll mich in den Bereich außerirdischen Fahrens einweisen. Mit seinen graumelierten Schläfen und der zierlichen Figur, an der kein Gramm Fett steckt, wirkt er wie ein in die Jahre gekommener Jockey.

47 mal stand er auf dem Siegertreppchen eines 24 Stunden-Rennens. Beim ewigen Herumexperimentieren mit immer neuen Motoren, mit neuem Design, mit neuen Reifen stieß er in Erlebniszonen vor, die jenseits des Vorstellbaren liegen. Die so intensiv sind, daß sie sich mit keiner anderen Erfahrung vergleichen lassen. „Wer noch nie in einem Rennwagen gesessen hat, dem können unterwegs unschöne Sa-

168 ▪ 1

956/962

168 ▪ 1
Ende einer Dienstfahrt: Autor Rolf Kunkel und Porsche-Werksfahrer Bob Wollek nach drei schnellen Runden auf dem Kurs von Val di Vienne

169 ▪ 1
Erfolgssymbol einer ganzen Dekade: Der Dreifachsieg in Le Mans 1982 begründete die einzigartige Erfolgsserie des 962, der daraufhin die Markenweltmeisterschaft gewann und in den drei darauffolgenden Jahren auch auf souveräne Art verteidigte

AUTOGLASS
RACING
Rothmans
17

170/171 ▪ 1
Nach zehnjähriger Museums-Ruhepause wieder im Einsatz: das Siegerauto von Le Mans im Jahr 1987. Mit 20 Runden Vorsprung auf den Zweitplazierten erreichte der von Bell, Stuck und Holbert pilotierte Wagen das Ziel

D. BELL MBE
17
Rothmans
PORSCHE
DUNLOP
Rothmans
Shell

172 ■ 1

173 ▪ 1

172 ▪ 1
*Vater des Erfolges:
Für Norbert Singer ist der 962 sicher ein Höhepunkt seiner Konstrukteurs-Laufbahn, auch wenn sein heutiger Kommentar zur seinerzeitigen Dominanz des Boliden übertriebene Bescheidenheit signalisiert: „Na ja, wir waren den anderen in Sachen Aerodynamik wohl etwas überlegen“*

173 ▪ 1
Auch unter dem Limit gut für ein bleibendes Geschwindigkeitserlebnis: Der 962 im Kurvengeschlängel von Val du Vienne

chen widerfahren“, hatte er vorher beim Briefing gesagt. Einer habe ihm mal das Armaturenbrett vollgekotzt. Ans Limit wolle er deshalb nicht gehen. Aber auch so, verspricht er, werde ich etwas vom Terror und von der Befriedigung zu spüren bekommen, die dieser Sport mit sich bringt.
Gedankenversunken blickt der stille, wortkarge Mann aus dem Elsaß eine Weile auf den superschnellen Renner, mit dem er die größten Erfolge seiner Karriere feierte. Rund 90 000 Kilometer hat er damit zurückgelegt, schätzt er, und jedes Mal etwas völlig Unvernünftiges getan. Wollek kennt den 962 besser als jeder andere Fahrer, inklusive Jackie Ickx, Stuck, Mass und all die anderen klangvollen Namen der Gruppe C-Ära, die ihn zum absoluten Siegerwagen machten, der über ein Jahrzehnt lang lief und Jahr für Jahr Geschichte schrieb. Im schnellebigen Rennsport, in dem praktisch jede Saison ein neues Modell auf den Markt kommt, ist das eine unvorstellbar lange Zeit.

Die Hände des Fahrers legen sich um das kleine, lederne Lenkrad. Zehn Jahre hat er in dem Ding nicht mehr dringesessen. Ein wahnsinnig schönes Gefühl. Den 962 zu beherrschen, das ist so, als ob der Penis plötzlich fünf Zentimeter länger ist. Mit diesem Wagen in ein Langstreckenrennen zu gehen, sagt er, war schon die halbe Miete. Der Rest waren Teamarbeit und Glück. „In Le Mans haben wir 24 Stunden lang nicht ein einziges Mal die Heckklappe geöffnet. Nur Tanken und Reifenwechsel, mehr nicht. Du mußtest keine Angst haben, daß du Probleme mit der Schaltung bekommst oder daß die Bremsen versagen. Du konntest dich wirklich aufs Fahren konzentrieren.“

Bob ruht jetzt total entspannt in seinem Schalensitz, eine Form milder Gelassenheit ausstrahlend, die dem Beifahrer Mut machen soll. Noch schnell eine kleine Unterschrift unter ein Formular, das den Hersteller im Unglücksfall von allen Regreßansprüchen befreit. Daß ich mich zur Mitfahrt in einem Fahrzeug bereit erkläre, welches mit einer dokumentierten Höchstgeschwindigkeit von 395 km/h zu Buche steht, zeigt, wie solch ein Geschoß einen Mann um den Verstand bringen kann.

Einstieg. Man sollte ihn vorher unter Ausschluß der Öffentlichkeit einige Male üben. Das erspart einem das höhnische Gelächter der Mechaniker, während man versucht, Beine und Körper so zu falten, daß alles ins enge Gehäuse hineinpaßt. Die Beine liegen wie ein Schraubstock fest, und der Oberkörper ist so eng an den Fahrer gepreßt, als gingen wir auf Hochzeitsreise.

Ready to go. Das Kribbeln im Magen wird stärker. Mehrmaliges heißeres Bellen, mit dem der Rost aus den Rohren geblasen wird. Ein kurzer Moment, bis die beiden Lader vollen Druck liefern, und dann folgt eine Demonstration, die mit dem Wort Start nicht zu beschreiben ist. Es ist mehr ein Schießen in die Umlaufbahn. Und ein Lärm, als ob ein Tornado in die Luft geht. Verständigung unmöglich. Die gewaltige Potenz, die den Wagen antreibt, haut mich nach hinten gegen die Wand, an der der wassergekühlte Sechszylinder-Boxer-Motor angeschraubt ist.

Die Erfahrungen aus meinem VW Golf sind praktisch wertlos. Eben standen wir noch, schon sind wir auf hundert. In 2,6 Sekunden. Ein Wimpernschlag, mehr ist das nicht. Fünf Sekunden später bereits die doppelte Geschwindigkeit, und sofort baut sich im Fadenkreuz zwischen den beiden Kotflügelhöckern die erste Kurve auf. Dicht am Boden hockend, die Augen in Achsenhöhe eines Lasters, wird jede Richtungsänderung zu einem Härtetest für Arm- und Schultermuskulatur. Die enormen Fliehkräfte lassen den Kopf in der Kurve hilflos hin und her pendeln, und das Chassis drückt bis auf die Knochen durch. Gleich danach entsteht Le Mans-Atmosphäre: ein langes, fast schnurgerades Stück, das Erinnerungen weckt an die berühmte Les Hunaudières, auf der dieses Auto in den 80er Jahren 360 bis 370 Sachen erreichte, Runde um Runde, 24 Stunden lang.

Der Wagen ist jetzt im höchsten Gang. Unmöglich zu sa-

174 ▪ 1

174 ▪ 2

174 ▪ 1
Für Bob Wollek ist der Porsche 962 ein alter Bekannter. Mehr als 90 000 Kilometer hat er – schätzungsweise – damit zurückgelegt

174 ▪ 2
Ein Arbeitsplatz mit High Tech-Atmosphäre, und doch zählte die Konstruktion Nummer 962 zu den Zuverlässigsten, die je unter dem Markenzeichen Porsche an den Start gingen.
Bob Wollek: „In Le Mans haben wir 24 Stunden lang nicht ein einziges Mal die Heckhaube geöffnet“

gen, wie schnell wir sind. Ein Gefühl, als ob einem der Hintern unterm Körper weggezogen wird. Verzweifelt kämpft der Organismus mit dem ungewohnten Beschleunigungseffekt, der durch die Druckrezeptoren der Haut und durch die Einwirkung auf den Innenohrkanal entsteht, dessen Arbeit völlig aus dem Gleichgewicht gerät. Mehrere Dinge passieren jetzt auf einmal. Die Wirbelsäule sendet Schocksignale aus, und die Nerven in der Muskulatur reagieren augenblicklich mit Verkrampfungen. Der gesamte Körper wird vom zentralen Nervensystem in einen Alarmzustand versetzt. Es ist keine Angst da, aber eine immense innere Anspannung.

Für den Führerscheininhaber eines straßenzugelassenen Fahrzeugs entsteht eine ganz neue Qualität der Wahrnehmung. Er erlebt, wie das Gehirn bei Tempo 260, 270 nichts mehr mit den rapiden Signalen der Augen anzufangen weiß und wegen Überforderung automatisch auf Tunnelvision umschaltet: Das Blickfeld reduziert sich auf das absolut Notwendige, auf das, was direkt vor den Augen liegt. Links und Rechts findet nicht mehr statt. Bäume, Strohballen, Leitplanken, alles kippt zur Seite.

Die Geschwindigkeit ist nicht das Problem, sondern die Kontrolle darüber. Denn proportional zur Beschleunigung entwickeln sich Destruktivkräfte, technische Defekte oder Fahrfehler, die für böse Überraschungen sorgen können. Schon huschen am Ende der Geraden Stapel aufgeschichteter Reifen ins Blickfeld, die wie durch ein Wunder liegenbleiben. So wie Bob Wollek in die Kurve geht, kann nur einer fahren, der mit der Maxime aufgewachsen ist: Wer bremst, verliert. Vergeblich wartet man auf ein Anbremsen, auf ein Gefühl des Langsamerwerdens. Es gibt kaum Zwischenstufen. Der 962 bewegt sich in den Kurven nicht wie ein Auto auf vier Rädern. Er fährt wie auf Schienen und entwickelt eine phänomenale Querbeschleunigung.

Als Beifahrer hat man ja kein Lenkrad, das verschärft die ganze Situation. Man weiß nicht, wie der Wagen sich händeln läßt. Aber für den Piloten muß es ein phantastisches Gefühl sein, wenn das Auto wegzuschlittern beginnt und er es dann so gerade eben noch in seine Gewalt bekommt. Er weiß genau, wann die vier kleinen Gummiflächen, die den Wagen auf der Piste halten, noch Bodenhaftung haben und wann nicht mehr. In dieser Kurve bei Tempo 185, in jener bei 218.

Den Wagen, der mit einem Schnitt von über 200 km/h teils vorwärts, teils seitwärts fährt, Runde für Runde möglichst präzise an seine Maximalgrenze heranzuführen, darin besteht seine Kunst. Eine schwierige Kunst, weil sie nicht in einem langsameren Fahrzeug erlernt werden kann.

Um dem Erlebnis gerecht zu werden, hatte ich einen Notizblock eingesteckt und wollte unterwegs Eindrücke festhalten, die sonst vielleicht für immer weg wären. Stattdessen kralle ich mich mit beiden Händen an der Pilotenkanzel fest. Wie muß das erst in einem richtigen Rennen sein, wenn noch 30 andere Boliden auf der Strecke sind und um jeden Meter Boden gekämpft wird?

In Runde drei kommt tatsächlich so etwas auf wie Geschwindigkeitsrausch. Alle körperlichen Unbequemlichkeiten sind auf einmal wie weggeblasen. Der Trip fängt an Spaß zu machen. Ein Glücksgefühl überfällt mich. Mein Gott, daß ich das erleben darf! Ein seltsam abgehobener, irrealer Schwebezustand, der bis ans Ende aller Tage andauern dürfte. Schon reißt mich die lange Gerade brutal aus allen Träumen. Bob ist noch schneller als in den vorhergehenden Runden. Mit Autofahren, auch mit sehr schnellem Autofahren hat das nichts mehr zu tun.

Es reicht. Ich bin wie betäubt von den pausenlosen Beschleunigungs- und Bremsmanövern. Aber auch dankbar dafür, einen Augenblick lang in eine Welt hineingerochen zu haben, in der die härteste Entscheidung darin besteht, zwischen dem zweiten- und dritten Gang zu wählen.

„War das ungefähr das Renntempo?“ ist alles, was ich hinterher über die Lippen kriege. „Gerade mal zwei Drittel“, meint Bob in seiner stillen, wortkargen Art und schaut mich amüsiert an.

Kapitel 7

Heute

Im November 1992 beginnt bei Porsche ein neues Zeitalter. Die Techniker im Entwicklungszentrum Weissach legen das Konzept einer technischen Revolution vor, die Schluß macht mit der Tradition. Denn der neue Kurs bedeutet das Ende für die vom Alter gezeichneten Modelle 968 und 928, aber zugleich auch einen Aufbruch in die Zukunft mit zwei neuen Modellen, jedes von beiden Porsche pur: auf der historischen Spur des Spyders ein junger Boxster und auf der klassischen Linie die moderne Reinkarnation des 911.

Mit Simoultaneus Engineering und gänzlich neuer Produktions-Struktur ist Porsche seit Februar 1993 auf der Straße des Erfolges in das nächste Jahrtausend. Der wirtschaftliche Senkrechtstart beginnt 1996 mit dem Stapellauf des Boxsters. 1997 zündet der neue 911 die zweite Stufe des Verkaufserfolgs, der höhere Produktionen bringt als je zuvor.

Dr Wendelin Wiedeking
Mit ganz präzisem Augenmaß für technischen Anspruch und für wirtschaftliche Effizienz lenkt Wendelin Wiedeking die Porsche AG schwungvoll wieder auf die Überholspur

911
Die Karosserie des neuen Elfers kultiviert klassischen Stil, die Technik weist fern in die Zukunft

Produktion
Porsches Fertigung ist heute um Jahrzehnte jünger

Weissach
Im Entwicklungszentrum von Porsche regiert Horst Marchart, seit 1962 in der Firma und ein Mann wie ein Elfer

Der lange Weg vom Kunsthandwerk zum Roboter

Von Clauspeter Becker

Porsche in Zuffenhausen gestern und heute

AM ANFANG WAR DIE WELT LEER. Vor 50 Jahren stand die junge Firma Porsche vor der Frage, wie wird man eine weltberühmte Marke, wenn man nicht mal eine Fabrik besitzt. Die Keimzelle im österreichischen Gmünd, wo 1948 die Nummer 1 und weitere 52 Exemplare des Typs 356 entstanden, war nicht mehr als ein kleines, stillgelegtes Sägewerk. Die Stuttgarter Liegenschaften aus der Zeit der Volkswagenentwicklung waren von der amerikanischen Besatzungsmacht beschlagnahmt, aber die Perspektiven von Werk 1 waren ohnehin beschränkt, denn seine Räumlichkeiten taugten kaum für eine Produktion.

178 ▪ 1

Was macht ein kluger Unternehmer nun in so einer Situation? Er geht auf Partnersuche. Und weil es Ferry Porsche völlig klar war, daß Automobilbau überwiegend Karosseriebau ist, wählte er als Werkbank seiner Sportwagenmanufaktur die alteingesessene Stuttgarter Wagenfabrik Reutter, die schon in der Vorkriegszeit zu den Lieferanten des Konstruktionsbüros Porsche zählte.

Mit dieser wurde im Sommer 1949 ein Mietvertrag geschlossen über 500 Quadratmeter Werkstatt für die Fertigung für einen Mietzins von 500 Mark im Monat.

Im November 1949 folgte der erste sehr konkrete Auftrag über 500 Karosserien.

Von der Größe anderer Autofabriken in der Mitte des 20. Jahrhunderts war diese von Wohnhäusern umgebene in der Augustenstraße weit entfernt. Dabei war das kleine Werk sogar imstande weit Größeres zu bauen. Die Stuttgarter Straßenbahn ließ ihre Wagen bei Reutter produzieren und reparieren. Für die Auslieferung gab es einen Gleisanschluß.

Mit dem Erfolg der Marke Porsche kam bald auch das Zuffenhausener Werk von Reutter in den Produktionsverbund. Und die Gewißheit, den Aufstieg der Marke Porsche mit harter Handarbeit aus dem Karosserieblech geformt zu haben, gibt den Reutter-Leuten bis heute ein Selbstbewußtsein, das jeden von ihnen nach 40 Jahren Porsche-Blech noch sagen läßt: „Ich bin ein Reutter-Mann."

Die Arbeit in den dunklen Hallen der fünfziger Jahre war nach heutigen Begriffen noch Kunsthandwerk. Es gab zwar Pressen, aber was daraus kam, war nicht fit und fertig. „Die Teile mußten ausgebeult werden", versucht Ro-

178 ▪ 2

178 ▪ 1
Der Hammer wurde in den frühen Jahren bei Porsche nicht nur zum Ritterschlag auf das Markenzeichen geschwungen

178 ▪ 2
Seit vielen Jahren schon muß jeder neue Porsche unter die Dusche. Ein dichtes Dach ist unabdingbar

179 ▪ 1
Am Schluß der Endmontage rollt jeder Porsche durch ein Solarium. Im Licht der Leuchtstofflampen findet der Meister jede Macke

land Bemsel (59), der vor vielen Jahren schon aus dem Karosseriebau in die Rennabteilung emigrierte, in heutigem Deutsch klar zu machen. „Du solltest wissen, daß das ausgerichtet heißt“, korrigiert ihn der Kollege Karl-Heinz Walter, der sein 40. Jubiläum letztes Jahr schon in der Werkstatt für Oldtimer-Restaurierung feierte.

Die Arbeitszeit der Karosserieflaschner (1,30 Mark in der Stunde) floß vor 40 Jahren großzügig in die Produktion. „Die hinteren Karosserieteile wurden von zwei Werkern auf Form gebracht, vier Stück schafften die an einem Neunstundentag“, berichtet Gerhard Fellmeth, der 1958 in die Firma kam. „Das Spaltmaß war vor 45 Jahren, als ich beim Reutter in die Lehre kam, schon ein Thema. Gestimmt hat's nie. Und wir mußten die Türspalte mit Lötzinn nachstukkatieren“, erinnert sich Meister Bemsel, und Meister Walter fügt dem gern hinzu: “Auf ein Cabrio gingen gut und gerne zehn bis zwölf Kilo Zinn.“

Unebenheiten in der Karosserie vor allem rund um die vielen und langen Schweißnähte wurden arbeitsintensiv mit dem Blechhobel eingeebnet. „Da konnte es auch einmal vorkommen, berichtet Paul Fleischmann, in der Produktion seit 1958, „daß ein Blech fast durchgehobelt wurde.“

180▪1

Die Porsche in den frühen Wirtschaftswunderjahren waren sehr arbeitsintensiv. Reutter konnte gar nicht so viele Karosserieflaschner ausbilden, wie gebraucht wurden. „Wir mußten Leute anlernen“, sagt Werner Gierl, Reutter-Mann seit 1957, „aber das war kein Problem, wenn sie aus einem anderen Handwerk kamen, hatten sie immer ein grundsätzliches Verhältnis zu guter Arbeit und zu Qualität.“

„Aber die Leute spotteten, amüsiert sich Werner Gierl, „Metzger, Schneider und Frisöre sind beim Reutter Kontrolleure.“

Wolfgang Leimgruber (38), der nicht mehr aus der Reutter-Tradition kommt und den Titel eines Leiters Cost-Center Rohbau/Lack führt, hat die kunsthandwerkliche Phase in der Porsche-Produktion nicht mehr erlebt. Aber auch die Tage, da in den alten Reutter-Hallen noch Pressen wummerten und Bleche formten, sind längst vorbei. „Seit 1973

180▪2

180▪1
Am Porsche 356 mußten meterlange Schweißnähte gelegt werden, und hart gelötet wurde auch an diffizilen Stellen, ganz ohne Handschuhe, Schutzhelm und Brille

180▪2
Das Ambiente der Kantine ist inzwischen heller, ein helles Bier zur Mittagspause darf sich der Werker bei Porsche auch heute noch genehmigen

181▪1
Roboter bewegen die heranwachsenden Sportwagen durch die Produktion, wo früher Karosserien noch von Hand getragen wurden

181 ▪ 1

bezieht Porsche Preßteile von außerhalb“, klärt Leimgruber auf, „bis zum jüngsten Modellwechsel von Allgayer und seither von BMW.“
Der Karosseriebau ist inzwischen mehr ein Montagebetrieb, der immer rationeller wird. Als Beispiel zeigt Leimgruber die Fertigung der Türen vor: „Hier bedient ein Mann eine Reihe von weitgehend automatischen Maschinen, ein weiterer überwacht die Prozeßsteuerung. Noch beim letzten Modell waren 20 Mitarbeiter in der Türenfertigung erforderlich.“
Die Herstellung einer Tür dauerte 1988 noch 107 Minuten, dieser Wert konnte bis zum Ende der Bauzeit dieser 35 Jahre lang nie veränderten Tür auf 70,85 Minuten gesenkt werden. Heute falzen und schweißen Automaten alle 13,96 Minuten eine Tür zusammen. Die Fertigungszeit einer Rohkarosse ist von 28,9 Stunden (1986) auf 15,35 Stunden (1998) gesunken. Die Anzahl der Schweißpunkte sank von 5 450 auf 4 406 und die der Preßteile aus Blech von 351 auf 282.
Die Perfektion der Fertigung war ein langwieriger Prozeß und ein steter Kampf gegen die traditionelle Improvisation. „Als der Turbo 1974/75 seine breiteren Kotflügel bekam“, erinnert sich Karl-Heinz Walter, „haben wir zunächst einfach Blechstreifen eingesetzt, und erst Jahre später gab es die breiteren Kotflügel am Stück“.
„Bei allen 911 bis zum 996 wurden die vorderen Kotflügel aus mehreren Teilen zusammengeschweißt und mußten anschließend – inzwischen zwar mit elektrischen Geräten – geglättet werden“, führt Wolfgang Leimgruber die Abrechnung mit der Vergangenheit weiter.
„Die Arbeit ist leichter geworden, und seit das Preßwerk weg ist, auch viel leiser“, stellt Horst Beutel 42 Jahre nach dem Beginn seiner Lehre fest, „aber früher wurde in der Firma mehr gelacht.“

182 ■ 1

182 ■ 2

182 ■ 2/184 ■ 1
Der Einbau des Motors, die sogenannte Hochzeit, war in der frühen Porsche-Produktion ein primitiver Prozeß, der Schlosserarbeiten in einer kleinen Werkstatt ähnlich sieht

182 ■ 1
Ein Fließband im üblichen Sinn gab es nicht im Porsche-Werk der frühen Jahre. Die Autos standen in der Produktion auf Kärreles (schwäbisch für Karren). Sie wurden per Hand von einer Station zur anderen geschoben. Der Arbeitstakt war noch sehr gelassen bei 25 Einheiten pro Tag

183 ■ 1-4
Die wesentlichen Schweißarbeiten an einem Porsche der jüngsten Generation erledigt mit höchster Perfektion ein Automat. Früher galt es, diese Arbeiten mit einer 40 Kilo schweren Punktschweißzange zu erledigen

183 ▪ 1

183 ▪ 2

183 ▪ 3

183 ▪ 4

184 ▪ 1

185 ▪ 1

Die Anatomie des Sechszylinder-Boxermotors bleibt mit neuen Teilen auch für die nächste Generation bei Porsche gültig

185 ▪ 2

Im Zuge der modernen Modul-Fertigung werden Motor, Getriebe und Hinterachse auf einer Nebenlinie des Fließbands montiert und später als komplette Einheit mit der Karosserie verheiratet

das nicht so grundsätzlich bestätigen, aber in dem Fall...

Meine Tochter hat durch Zufall einen amerikanischen Porschefahrer kennengelernt. Seine Eltern waren ganz aus dem Häuschen, als sie merkten: Das ist ein Porschekind!

Sie müssen sich das richtig vorstellen – diese Porschetreue in Amerika ist unglaublich. Meine Tochter wurde von einer Porschefamilie an die andere weitergegeben, durch die ganzen USA gereicht, vom St. Lorenz-Strom über Chicago nach Kalifornien, nach Florida, mit Freiflügen ausgestattet – vier Monate lang. Das gibt's nur bei Porsche. Inzwischen erstrecken sich diese Einladungen auch auf mich.

Waldemar Wysocki

Ich bin Koordinator Umweltschutz und Gruppenleiter für Werksicherung.

Insgesamt verfüge ich über 20 Mitarbeiter – davon zwei Damen, die den Besuch empfangen.

Ich koordiniere mehr oder weniger die Funktion der Umweltschutzabteilung in Zuffenhausen. Alles, was eingeführt wird, wird zusammen besprochen, geht dann über die Umweltschutzabteilung, wird mit dem Umweltschutzbeauftragten besprochen, dieser bringt's unter Umständen auch in den Vorstand, und anschließend versucht man, das ganze umzusetzen.

Das heißt, Sie müssen keine eigenen Ideen haben?

Doch, wir haben schon eigene Ideen. Aber es gibt Gesetzesvorlagen, die versuchen wir dann, so gut es geht, umzusetzen.

Was kann man sich jetzt dazu vorstellen?

Ich bin der Gefahrgutbeauftragte, der Gewässerschutzbeauftragte sowie Laserschutzbeauftragter in Weissach und hab' dann noch mit dem Abfall zu tun. Ich habe dazu Seminare besucht, mich weitergebildet...

Und dazu noch der Werkschutz – ist das nicht zuviel?

Im Grunde läuft das parallel – meine Aufgabe hier ist, dafür zu sorgen, daß kein Schaden entsteht.

Weder durch Diebstahl oder Fremdeinwirkung noch durch Nachlässigkeit. Auf unseren Rundgängen werden nicht nur die Werkschutzangelegenheiten überprüft, sondern auch die Gegenstände. Räumlichkeiten, ob was ausrinnt oder so.

Arbeitsintensiver ist die Werkschutzseite meiner Aufgaben – mit dem Umweltschutz läuft ja alles weitestgehend, höchstens, es werden neue Verordnungen erlassen.

Ich kenne hier im Haus übrigens keinen Mitarbeiter, der nur einen Job ausfüllt.

Fälle von echter Werksspionage sind noch nicht vorgekommen, aber wenn sich interessierte Leute „verlaufen", dann ist das ein Fall für uns, und sie werden höflich hinausgeleitet.

Und Lehmann (bekannter Erlkönig-Fotograf, Anmerk. d. Red.) *in den Bäumen, was tun Sie dagegen?*

Das fällt eigentlich nicht mehr in unsere Kompetenz, weil das ja außerhalb des Werkstores passiert. Aber weil Sie das ansprechen – wir haben seinen Lieblingsast auf der Zufahrtstraße abgeschnitten.

Von Emanuel Eckardt

Elan und Erfahrung

Ein Gespräch mit dem Vorstandsvorsitzenden der Porsche AG

MENSCHEN

WIE LENKT MAN EINEN KONZERN? Wie überwindet einer die Schotterstrecken der Rezession, beschleunigt die Produktion, überholt die Konkurrenz, zieht ein Unternehmen sicher durch die Kurven und Abgründe der Konjunktur? Gas geben, schalten und walten, bremsen, beschleunigen und im richtigen Moment eine Parklücke für die Millionen finden? Wenn es so einfach wäre.

Dr. Wendelin Wiedeking, 44, seit 1992 Vorstandsvorsitzender der Porsche AG, ist einer der erfolgreichsten deutschen Unternehmer. Vielleicht wäre sein Erfolg weniger spektakulär ausgefallen, wenn er eine Fabrik für Zellstoffwindeln oder Katzenfutter geleitet hätte. Als Chef der Porsche AG steht er im Licht der Öffentlichkeit, steht er für ein Spitzenprodukt, das Emotionen weckt und auch polarisiert, das Begeisterung hervorruft und Ablehnung provoziert. So einer kann tief fallen. Der Westfale Wiedeking kennt die Risiken, ist eine Kämpfernatur. Er hat das Unternehmen in schwierigen Zeiten übernommen und ihm schmerzhafte Schnitte zugemutet, um es innerhalb von fünf Jahren zu einem in Deutschland wohl einzigartigen Erfolg zu führen.

Hinter diesem Erfolg steckt kein Geheimnis, sondern, folgt man den Worten des Konzernlenkers, vor allem eine Menge Arbeit. Er wäre aber nicht denkbar ohne strategisches Denken, ohne den Spaß an der Sache und ohne ein bißchen Glück. Wie tickt der Mann, der Deutschlands feine Sportwagenschmiede ins nächste Jahrtausend steuert? Wir trafen uns nicht zum ersten Mal. Wassergekühltes Meeting im Vorstandsbüro in Zuffenhausen. Daß ich auf eine persönliche Frage zunächst eine konzerneigene Antwort bekommen würde, war zu erwarten.

Wie geht es Ihnen?
Gut. Gut bis sehr gut. Die Entwicklung von Dollar, Yen und Pfund macht uns Freude. Der Auftragseingang für Boxster und 911 übertrifft selbst unsere kühnsten Erwartungen. Wir können im Moment gar nicht so schnell produzieren, wie wir verkaufen könnten. Das freut uns natürlich, aber es hat auch eine negative Seite: Unsere Kunden müssen noch zulange auf ihren Sportwagen warten. Dieses Problem müssen wir schnell lösen.

Wieviele Autos produzieren Sie?
Mindestens 38 000 haben wir uns schon für das Geschäftsjahr 1997/98 vorgenommen.

Mindestens?
Lassen wir uns einfach einmal überraschen.

Dann frage ich mal nach sicheren Zahlen. Wann sind Sie geboren?
Am 28. August 1953, mit Goethe am gleichen Tag, aber ein paar Jahre später.

Haben Sie Geschwister?
Ich bin mit drei Geschwistern aufgewachsen, einer älteren Schwester und zwei jüngeren Brüdern.

Haben Sie sich schon als Kind für Autos interessiert?
Autos waren immer mein Hobby. Schon als Kind habe ich Wiking-Autos

195 ▪ 1

„Der Reiz der Marke Porsche ist groß. Für Porsche zu arbeiten, ist für die meisten Menschen ein Traum. Für mich ist diese emotionale Bindung wichtig. Beruf, Neigung und Hobby müssen eine Symbiose sein"

195■1

gesammelt. Die habe ich heute noch, so ungefähr 1 500. Besonders meine Großmutter war in dieser Hinsicht immer sehr großzügig zu mir.

Was war Ihr erstes Auto?
Ein Tretauto, das ich als kleiner Junge geschenkt bekam. Es folgte ein Roller, dann ein Fahrrad und mit 19 das erste Auto – ein VW Käfer 1300. Aber Auto gefahren bin ich schon mit vierzehn Jahren: Ich habe mir einen großen Hut aufgesetzt, um hinter dem Lenkrad größer zu wirken, denn ich konnte ja kaum übers Armaturenbrett sehen. Dann habe ich den Opel-Rekord meines Vaters durch die Gegend kutschiert. Das fand er übrigens gar nicht gut.

Wie kamen Sie mit dem Automobilbau in Berührung?
Als Kind hatte ich mir eine Seifenkiste zusammengebaut und bin die Beckumer Berge, die aus der Sicht eines jungen Menschen aus dem Flachland mächtige Erhebungen waren, hinuntergefahren. Auf die Seifenkiste bin ich heute noch stolz, ich habe das Gefährt mit einer richtig komplizierten Lenkung konstruiert und die Teile beim Schmied zusammenschweißen lassen. Für mich war es damals das Größte, mit der Kiste den Berg hinunter zu fahren.

196 ■ 1

Erlebten Sie in der Seifenkiste den Rausch der Geschwindigkeit?
Nein, eher auf dem Fahrrad. Ich fuhr immer zu schnell und bin oft gestürzt, dabei holte ich mir häufig blutige Knie, die auch ein paarmal genäht werden mußten.

Haben Sie Sport getrieben?
Das Übliche. Schwimmen und Fußball zum Beispiel.

Sie waren vermutlich Angriffsspieler?
Ich war Mittelstürmer.

Waren Sie ein Musterschüler?
Nein, ich wollte nie Klassenbester sein. In der Schule war ich eher einer von denjenigen, die dem Lehrer den Stuhl ansägten. Von den Leistungen her lag ich im Mittelfeld. Aber zum Abitur habe ich eine Punktlandung geschafft. Meine Noten in den kritischen Fächern waren genau so gut, daß keine mündliche Prüfung mehr nötig war. Ich glaube, das hat einige Lehrer geärgert.

Wissen Sie noch Ihren Notendurchschnitt?
Besser als zwei.

Waren Sie ehrgeizig?
Ich habe in Aachen Maschinenbau studiert, da wird von einem viel verlangt. In den Grundlagenfächern werden dort hohe Anforderungen gestellt. Da muß man schon ehrgeizig sein. Nach zehn Semestern hatte ich mein Diplom.

Das Thema Ihrer Dissertation?
Fertigungstechnik, es ging um Maschinendynamik. Aber wenn ich das heute so lese, kann ich mir nicht vorstellen, daß ich das mal geschrieben habe.

Haben Sie während Ihres Studiums gejobbt?
Ja, die ganze Zeit. Ich war bei einer Computerfirma, danach habe ich eigene Projekte realisiert. Da ich selbst etwas bewegen wollte, war mir die unternehmerische Sicht immer wichtig. Vier Firmen habe ich in dieser Zeit gegründet, die alle heute noch existieren. Zeitweise war ich auch in der Immobilienbranche tätig.

Ein Ausrutscher?
Als Student zahlte ich an eine Maklerin 600 Mark. Und dann sah ich die Dame mit einem Sechszylinder-BMW durch die Straße fahren. Da habe ich mir gesagt: Das kannst du auch.

War Geld wichtig für Sie?
Es hat mir die Freiheit gegeben, anders zu leben, als ich es sonst gekonnt hätte. Ich mußte mir aber alles selbst erarbeiten. Eine Luftmatratze war mein erstes Mobiliar. Sie hatte nur einen Fehler: nachts ging immer die Luft raus.

Wann haben Sie zum ersten Mal bei Porsche angeheuert?
Ich kam mit 29 Jahren nach Zuffenhausen und wurde Assistent in der Fertigungsabteilung. Ich hatte Glück, in jungen Jahren schon große Verantwortung in die Hände gelegt zu bekommen.

Bald fingen die Headhunter der Branche an, sich für Sie zu interessieren. Worauf führen Sie Ihren Erfolg zurück?
Vor allem auf meine Arbeit und meinen Einsatz. Ich habe immer versucht, mein Bestes zu geben.

Sie wechselten dann zur Zulieferindustrie...
Ja, es gab da für mich eine interessante Aufgabe, in der ich in führender Position verantwortlich handeln konnte. Die Aufgabe hatte mich damals sehr gereizt.

War das einfach? Sie waren ja noch relativ jung...
Aber ich hatte Glück. Denn in dieser Firma gab es einen älteren Mitarbeiter, von dem ich sehr viel lernen konnte. Seine Erfahrung und mein Biß machten es möglich, festgefahrene Strukturen aufzubrechen.

Was war die wichtigste Erfahrung aus dieser Zeit für Sie?
Ich habe gelernt, daß man hart an sich arbeiten muß. Außerdem habe ich gelernt, daß man als junger Mensch nicht alles auf einmal haben kann. Heute weiß ich: Erfolg ist die Mischung aus Erfahrung und Elan.

Sind Sie ungeduldig?
Ich glaube schon. Aber ich habe gelernt, daß es nichts nützt, wenn man die eigenen Schritte so schnell vollzieht, daß die anderen nicht mehr mitkommen.

Sie gelten als harter Knochen...
Nicht mehr so wie früher...

Haben Sie ein Rezept für die richtige Menschenführung?
Ein Rezept nicht. Aber mit den Jahren habe ich diverse Erfahrungen gemacht. Ich weiß heute, wo ich meinen Mitarbeitern Freiräume geben kann. Man sollte sein Team immer wieder fordern, aber ihm auch die Freiheit lassen, eigene Kräfte zu entfalten.

Sind Sie mißtrauisch?
Ich unterstelle jedem zunächst einmal positive Absichten. Aber ich bin vorsichtiger geworden, ich versuche mehr zu hinterfragen. Ohne eine gewisse Menschenkenntnis können sie diesen Job nicht machen. Sie brauchen psychologische Kenntnisse, um Muster und Strukturen zu erkennen oder Signale der Körpersprache zu deuten. Letztlich verlasse ich mich aber auf mein Gefühl.

Vertrauen Sie niemandem blind?
Doch, allerdings nur einer sehr kleinen Zahl von Menschen.

Einer Handvoll?
Vielleicht zehn. Aber dieses Vertrauen ist ein über Jahre gewachsenes.

Was bedeutet Ihnen Geschwindigkeit?
Geschwindigkeit bedeutet, daß Sie aufmerksam sein und vorausschauend denken müssen. Sie bekommen schärfere Sinne und entwickeln einen ganz anderen Instinkt für potentielle Gefahren, die weit vor ihnen liegen. Man spürt diese, ohne sie zu sehen.

Sie identifizieren sich mit Ihrem Job. Ist das auch die Identifikation mit der Marke?
Der Reiz der Marke Porsche ist groß. Für Porsche zu arbeiten, ist für die meisten Menschen ein Traum. Für mich ist diese emotionale Bindung wichtig. Beruf, Neigung und Hobby müssen eine Symbiose sein.

196 ▪ 1
Ich wollte nie Klassenbester sein. In der Schule war ich eher einer von denjenigen, die dem Lehrer den Stuhl ansägten. Von den Leistungen her lag ich im Mittelfeld. Aber zum Abitur habe ich eine Punktlandung geschafft. Meine Noten in den kritischen Fächern waren gerade so gut, daß keine mündliche Prüfung mehr nötig war. Ich glaube, das hat einige Lehrer geärgert

S PR 997

Wirklich gute Autos macht die Gnade des Fortschritts unsterblich

von Clauspeter Becker

996

DER ELFER ÜBERLEBTE ALLE, die ihn je ersetzen sollten, weil er der unverwechselbarste aller Porsche ist.

Der Elfer sah den kleinen Kollegen mit den vier Zylindern als 924 kommen und als 968 gehen. Für ein vernünftiges Auto war der zu teuer und für ein teures Auto zu vernünftig.

Der große Kollege mit den acht Zylindern, der 15 Jahre lang unter der Nummer 928 zu erreichen war, verfehlte jede Chance, den Thron zu erben, denn auf dem Gipfel des Programms bei Porsche residierte allzeit fest der echte Freund des wohlhabenden Kunden, der 911 Turbo.

Als fairer Sportler wartet der Elfer mit seinem Start ins zweite Leben, bis die Pensionsreife der Kollegen abzusehen ist.

Am 21. November 1992 definiert Technik-Vorstand Hans Marchart die steile Flugbahn einer neuen Elfer-Generation in eine weite Zukunft. Und in dem weiteren Konzept des Technikers stecken alle Überlebensmittel, die Porsche zum Erfolg in einer kostenorientierten Autobranche braucht. Denn seinerzeit fassen die Techniker den Doppelbeschluß: Der kleine Boxster und der feine Elfer bekommen die gleiche technische Basis. Das längst realisierte Erfolgsrezept überzeugt im Februar den Vorstand. Die Zukunft und die zweite Karriere des 911 haben begonnen.

Eine Revolution nimmt ihren Anfang. Aber anmutige Traditionen dürfen nicht zertreten werden. Im Designstudio, wo Harm Lagaay und seine Mannschaft „die größte Aufgabe in der Geschichte der Firma“ mit Wonne in Angriff nehmen, wird der klassische Entwurf des Elfers sehr einfühlsam in die Formensprache des späten 20. Jahrhunderts übersetzt.

Harm Lagaay interpretiert das Ergebnis aller Mühe anschaulich: „Wir haben die sportliche Ausstrahlung des 911 neu und eleganter interpretiert. Die letzten Modelle alter Schule wirkten mit ihren Kotflügelverbreiterungen muskelbepackt und aggressiv wie der Olympionike Ben Johnson, der neue Elfer ist wie der jüngere Carl Lewis, bei hoher Leistungsstärke figürlich schlanker und viel besser proportioniert.“

Hinter der selbstbewußten Vorstellung steht realer optischer und technischer Fortschritt: Das steife Profil aus den sechziger Jahren, das eine noch recht steile Windschutzscheibe diktierte, ist einer flüssigen Linie gewichen. Die bündig eingepaßten Seitenscheiben unterstreichen eine glatte Form, statt sie zu unterbrechen. Der Luftwiderstand ist geringer, der Auftrieb, der bei hohem Tempo Autos gerne aus den Federn liftet, bleibt minimal.

Den Passagieren geht es im neuen Elfer besser als *Hardcore*-Kritiker wahrhaben wollen: In jeder Richtung gibt es ein angenehmes Plus an Platz, und auch das Gepäck reist nicht mehr ganz so eingequetscht wie früher.

Die lange luftgekühlte Ahnenreihe, die mit dem Volkswagen-Motor ihren historischen Anfang nahm und bei turbogeladenen Zwölfzylindern jenseits von 1 000 PS endete, geht bei Porsche mit 60 Jahren in Pension. Die beiden neuen Porsche sollen zwar wieder einen Sechszylinder-Boxer haben, aber der ist von nun an wassergekühlt.

Eine respektable Ahnenreihe hat auch dieses Prinzip bei Porsche. Da sind nicht nur die Vier- und Sechszylinder der auslaufenden Serien. Auch der mit drei Weltmeistertiteln dekorierte TAG-Motor badete seine sechs Zylinder in Flüssig-

198▪1

Der neue 911 Carrera – werksintern 996 genannt – interpretiert klassischen Stil in neuer, schlanker Frische ohne die anabolischen Muskelpakete der Kotflügelverbreiterungen seiner Vorgänger

200▪1

201 ■ 1

202 ▪ 1

HEUTE

Der neue 911, Coupé und Cabriolet

200 ▪ 1
Das Dach beschreibt einen Bogen von perfekter Harmonie zwischen Windschutzscheibe und Motorhaube, aus deren Grill nach jeder Fahrt die Wärme des vitalen Boxermotors strömt

201 ▪ 1
Ab 80 Kilometer in der Stunde kommt der Heckspoiler aus seinem Versteck und greift die Sicherheit des festen Bodendrucks der Hinterräder ganz einfach aus der Luft

202 ▪ 1
In Profil und Proportionen zeigt der neue Porsche Perfektion. Daß er gewachsen ist, um Platz zu schaffen für Wasserkühler, Kofferraum und ein Plus an passiver Sicherheit, fällt kaum auf

203 ▪ 1
Das Wachstum der Räder hat ein neues Maß erreicht. Der Durchmesser der Aluminium-Felgen beträgt serienmäßig 17 Zoll und, was den neuen Elfer ganz besonders ziert, wahlweise auch 18 Zoll

203 ▪ 1

keit. Und ebenso hielten es jene Sechszylinder-Boxer, die Jahr für Jahr auszogen, die 24 Stunden von Le Mans und andere Langstreckenrennen zu gewinnen.

Mit höchster Qualifikation also gehen die Ingenieure im Entwicklungszentrum Weissach daran, den besten Boxer aller Zeiten durch einen würdigen Nachfolger zu ersetzen. Der hat schlanker zu sein vom Format her, vom Gewicht und nicht zuletzt auch bei den Kosten.

In diesem Rahmen aber schnüren die Motorenbauer ein kompaktes Päckchen Fortschritt: Zwei Nockenwellen auf jeder Seite mit variablen Öffnungszeiten der Ventile auf der Einlaßseite, vier Ventile pro Brennraum und die Zündkerze sehr effizient in der Mitte; das zweiteilige Motorgehäuse aus dem idealen Werkstoff unserer Tage, Leichtmetall-Druckguß, mit dem Ölvorrat als integriertem Trockensumpf in einer abgetrennten Kammer dieses Motorblocks.

Entstanden ist dabei ein Boxer von ganz neuer Schlagkraft, einer, der die Schnelligkeit des Laufs mit wuchtiger Schlagkraft zu verbinden weiß, wie Cassius Clay in seinen jungen Jahren. Bei der neuen 3,4 Liter-Maschine gelang in Weissach die Wiederentdeckung des Drehvermögens. Das neue Limit liegt bei mutigen 7 300 Touren. Und um der Leistung willen, von in der Praxis meist sehr reichlichen 300 PS (221 kW) bemüht sich die Kurbelwelle mit 6 800 Rotationen in der Minute.

Der junge Boxer ist zurückgekehrt zur alten Leichtigkeit des Drehens. Aber darunter weiß er wohl mit Wucht zu walten: maximal 350 Newtonmeter Drehmoment schon bei 3 600 Touren schieben den Elfer an.

Deutlich darunter aber, die Elastizität der tiefen Tourenzahl, gibt diesem Elfer in seinen ruhigen Stunden eine Eleganz des Gleitens, die früher nur feudalen Limousinen eigen war.

Die Summe aller Qualitäten ist eine zeitlose Maschine, sie kombiniert die Gier nach Drehzahlen der wilden Alten und die Laufkultur einer umweltorientierten neuen Generation.

Der Motor ist das beste Beispiel für eine intelligente Technik mit weiter Perspektive, die niemals auf ein Ziel allein fixiert ist. Da ist natürlich auf der einen Seite das neue Maximum an Leistung und Drehmoment, mit dem das meßbare Temperament des Elfers der Urgewalt des Turbos ziemlich nahe kommt. Der Sprint von Null auf 100 km/h gelingt nun unter fünf Sekunden. Aber trotz allen Kraftzuwachses hat dieser neue Boxer auch an Gelassenheit gewonnen. So kann man die sechs Gänge und das Drehzahllimit nutzen oder nicht. Der Sechszylinder spannt sich auch bei 1 200 Touren kräftig in den Antrieb.

Den Ehrgeiz, universal zu sein und deutlich besser, steckten die Techniker auch in das Fahrwerk. Also stellten sie dem 911 die Aufgabe, zunächst einmal einen klaren Vorsprung auf der Nordschleife des Nürburgrings zu gewinnen, natürlich gegen einen der härtesten Konkurrenten – den letzten Elfer.

Als zwei Satz Reifen zerrieben waren, stand die Entscheidung fest: Der Neue ist acht Sekunden schneller und fährt sich merklich müheloser. Die Lenkung ist agiler und agiert exakter, der längere Radstand bringt Ruhe in den Geradeauslauf und den Drift durch schnelle Kurven hart am Limit.

Da aber andere schöne Stunden im Leben des Porschefahrens nicht auf so ebenem Asphalt sondern auf dem eher welligen Belag von Nebenstraßen in der französischen Provence verlaufen, war diesmal auch die Kunst gefordert, Federwege in Komfort zu verwandeln. Die Techniker von Porsche wählten zum Maßstab Autos sehr gediegener Marken. Und seit sie den Komfort auf höherem Niveau gefunden haben, stört es sie nicht, wenn jemand sehr verblüfft bemerkt: „Der federt ja so ausgezeichnet wie ein …“

Mit dem Anspruch, nicht nur schneller zu sein, sondern alles besser zu können als jeder 911 zuvor, ist der neue Elfer Porsches bester Botschafter für die diplomatischen Beziehungen zu neuen Käuferkreisen. Die Gußeisernen von Ge-

204▪1
Der neue Carrera gibt eine liberale Antwort auf die Frage, wer hinter dem Lenkrad sitzen soll: Jeder, der Spaß dran hat, denn die Zeit des harten Fahrens ist für sie und ihn vorüber.

208■1

206/207
In der Perfektion der reinen Porscheform übertrifft das neue Cabrio alle seine Vorgänger. Die Linie des Stoffdachs schwingt mit harmonischem Bogen wie beim Coupé zu der nun prallen Rundung, in die das Heck den Boxermotor hüllt

208▪1
Ein Hardtop für die vollkommene Metamorphose zum Coupé stand vom ersten Tage der Entwicklung im Pflichtenheft der Designer. Und für das feste Dach über dem Kopf zahlt der Cabrio-Kunde weder Mark noch Dollar extra

209▪1
Das neue Verdeck, das sich auf Knopfdruck öffnet und verschwindet, um uns in das Parfüm Natur zu hüllen, ist zwar das teuerste Extra für einen 911, aber von allen auch das beste

209▪1

stern belohnt ein Sportpaket mit noch besseren Zeiten auf dem Nürburgring. Mehr noch als jeder Porsche vor ihm hat sich der neue Elfer mit der Entwicklungsnummer 996 auf alle seine künftigen Rollen vorbereitet. Die Cabrio-Version entstand nicht, wie das sonst zumeist der Fall war, nachträglich; diesmal ist sie von Anfang an mitgewachsen.

Das Ergebnis ist ein offener Sportwagen ganz ohne Kompromisse. Das Dach verschwindet nach dem Öffnen komplett von der Bildfläche und bleibt nicht mehr nach alter Sitte wie ein vergessenes Gepäckstück auf dem Heck zurück.

Ein geniales Versteckspiel läßt das Dach so unter eine Klappe tauchen, daß die äußere und unempfindliche Bespannung auch in der Ruhestellung noch nach oben weist. Der Ablauf des Einfaltens gleicht dem Prinzip, das sich beim Boxster schon bewährte, nur braucht das große Dach des Elfers eine Faltlage mehr. Aber die Eröffnungspartie wird dadurch für den Fahrer nicht komplizierter, denn die korrekte Ausführung ist die Angelegenheit eines Mikroprozessors, der dem Elektromotor die Befehle gibt.

Unter dem großen Stoffdach und hinter den vier Seitenscheiben des neuen 911 Cabrios steckt ein schönes Stück Tradition. Wie die Mehrheit aller Porsche-Cabrios der letzten 50 Jahre hat der jüngste aller offenen Elfer im Fond zwei Sitze für die artgerechte Aufzucht der nächsten Porschefahrer-Generation.

Der persönliche Dank des Fotografen und der Autoren an Menschen und Institutionen, die uns mit ganz besonderer Liebenswürdigkeit und Kompetenz geholfen haben:

Ein besonderer Dank gilt der Dr. Ing. h.c. F. Porsche AG sowie
Studio Bastille • Klaus Bischof • Pascal LeCossec • Hervé Fontaine • Wolfhelm Gorrissen • Anthony Hatter • Hans Herrmann • Anton Hunger • Kunstmuseum Bonn • Herbert Linge • Horst Marchart
Hans Mezger • Klaus Parr • Mansour Ojjeh • M itarbeiter der Spedition Küke Motorsport GmbH • Karl-Friedrich Scheufele • Norbert Singer • Klaus Steckkönig • Vitra Museum/Weil am Rhein
Dr. Wendelin Wiedeking • Bob Wollek • Waldemar Wysocki

Fotonachweis

Alle Farbfotos: Peter Vann, außer auf den Seiten 128-131 (Archiv Porsche)
Schwarzweißfotos: Archiv Porsche sowie Aleksandra Pawloff für den Beitrag „Menschen in Weissach" (Seiten 186-193)
Illustrationen auf den Seiten76-83 von Serge Bellu, Illustration auf der Seite 86 von Studio Farr